亡き母への手紙

「母の日参り」パートナーシップ編

KKベストセラーズ

亡き母への手紙

心をそっと包み込む手紙と出合える

「お母さん、ありがとう」

「お母さん、ごめんなさい」

亡き母に向けた手紙は、その行間に書き手の母に対する感謝や謝罪、それに怒りに後悔、はたまた自身の孤独感といった、ありとあらゆる感情が入り乱れています。一読すると、そうした感情に瞬く間に翻弄され、どれも自分事のように心を大きく揺さぶられ、強く鷲づかみにもされます。

でも、それでいて読み終わった後にどこか晴れ晴れとし、穏やかな気持ちにもさせてくれる。温かく、そっと、心が包み込まれるような手紙です。

そんな素晴らしい手紙を多くの人に読んでもらい、感動を味わってもらいたいと思い、この本「亡き母への手紙」を企画しました。

2018年に始まった「『母の日参り』手紙コンクール」(「母の日参り」パートナーシップ主催)。2018年と2019年に行われた2回のコンクールに集まった3000通を超す手紙の中から、選りすぐりの50通を収録しています(書き手の名前はすべてペンネームで、書いた時点での年齢を記載)。

「遠いあの日を思い出す」手紙もあれば、「突然襲ってきた別れ」からいまだ立ち直れていない悲しみもあります。亡くされた多くの人が抱く「今も後悔している」という告白、そして「仲が良かったわけではなかった」まま別れてしまった悔いも少なくない。

その一方で、「亡くなったあなたに似てきた」ことへの喜びや、「母のようだったあの人へ」の感謝にあふれる手紙もありました。

最後に、「悲しみから一歩踏み出す」と前を向き始めた書き手たちの姿に、きっと勇気づけられるのではないでしょうか。

手紙文に合わせて、第2回手紙コンクールの選考委員長を務められた俳優の草刈正雄さんに、亡き母の思い出を伺いました。母子家庭で育ち、母とは人一倍太い絆で結ばれた草刈さんは、「いまだに母に支えられ、助けられている」と一緒に暮らしたときを振り返りながら、今の心境を語っています。

寄せられた手紙文を読むと、大事な人を亡くした悲しみから立ち直る糸口のようなものを探している人がたくさんいます。多くの悲嘆（グリーフ）と向き合い、ケアをしてきた専門家である、上智大学グリーフケア研究所特任所長の髙木慶子先生は、そうして悲しむことは「正常で当たり前なこと」と肯定しながら、いかに悲しみを乗り越えていくべきなのか、そのヒントを教えてくれました。

さらに、亡き母に書いた、手紙をポストに投函すればお焚き上げをしてくれる仕組みがあることもコラムで紹介しています（本書付録のはがきを活用できます）。

ひと口に、悲しみを乗り越えるといってもそうたやすいことではないでしょう。ただ、「なにをしたらいいのだろう?」「どこかに助けはないだろうか?」と悩んだときに、この本がなにかのお役に立てれば幸いです。

また、今は家族や親子関係がかつてないほど難しくなり、互いの気持ちをスムーズに伝えられにくい時代を迎えています。まだ母を亡くされていない人たちにとって、この本を読むことで母との関わりや母という存在を改めて考えてみようと思う、ひとつのきっかけになればいいなと願っています。

そして、自分の想いを相手に伝えられ、同時に自分の気持ちも整理できる「手紙って、やっぱりいいものだ」と思ってもらえると、嬉しい限りです。

2019年8月　お盆を前に

ブックプランナー　佐藤俊郎

第3章
今も後悔していることでいっぱい

第4章
亡くなったあなたに似てきました

第7章 悲しみから一歩踏み出して

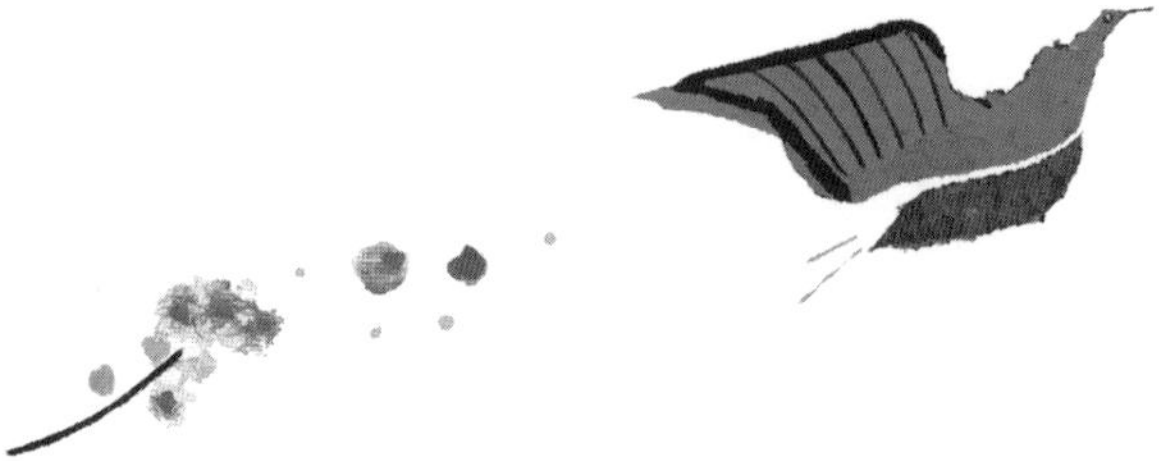

第1章
遠いあの日を思い出して

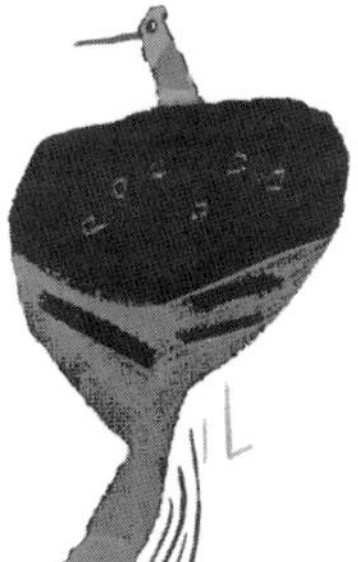

手紙 1

かあちゃんの涙

かずさん（男性65歳・京都府）

2019年
銅賞受賞作

かあちゃんがぼくに初めて見せた涙は、痛かった。

小学5年生の頃の話だ。

戦後20年、それでもぼくたちの暮らしは貧しくて、ジュースやサイダーを飲むことなど、とてもできなかった。せいぜい粉のジュースの素を水にとかして、その甘さを味わうのが関の山。甘さに飢えていた子ども時代だ。

ぼくと兄ちゃんは、思いあまって、町の酒屋の倉庫に盗みに入ることにした。倉庫の中には、新品のサイダーが山積みされているはずだったからなあ。

けれど、倉庫にはなにもなかった。

ぼくたちの心に残ったのは、倉庫を襲ったという恐ろしい事実だけだった。

ぼくは、こわくなって、翌日かあちゃんに事実を打ち明けたよね。その夜、ぼくたちは、とうちゃんかあちゃんの前で正座させられ、きつく叱られた。

かあちゃんは、なにも言わずに泣いていた。ぼくは、まともにかあちゃんの顔を見ることができなかったよ。

なあ、かあちゃん。あのときのかあちゃんの涙が、ぼくにはきつくこたえたんだ。歪んだ道を歩いてはいけないと強く教えられたんだ。

あれから、50有余年。ぼくは、真っ直ぐに生きることのつらさや難しさを感じながらも、教員の仕事を続けてきたつもりだ。かあちゃんの涙の痛さが、ぼくの人生の土台を築いてくれたと今更ながらに感謝している。

かあちゃん、ありがとう。

『かあちゃんの涙』の向こう側

少年時代に、貧しさゆえに年子の兄とともに犯した『倉庫を襲った』という過ち。それを知って子供の前で流した『かあちゃんの涙』をふっと思い返し、綴った手紙です。

書いたかずさんは大学進学で故郷を離れ、その後30年間は母と一緒に暮らすことはありませんでした。たまに逢うのはお盆や正月に帰郷したときぐらい。「でも、いくつになっても甘えられる存在で、よく無理難題を押し付けていました」と振り返ります。

母は晩年、認知症を患い、「このままではお父さんも倒れてしまうから、病院に行きます」と自ら進んで入院したそうです。

すると、その1か月後にかずさんのもとに母の危篤を知らせる電話がありました。急いで駆けつけると、今まさに静かに息を引き取ろうとしているではないですか。父が「おーい、おーい」と声を掛ける中、『かあちゃん』は87年の人生を閉じました。

それから16年の歳月が流れています。

教師をしていた父の姿を見て、「絶対、教師にはなりたくない」と思ったかずさんでしたが、気がつくと自分も同じ教師の道を歩むことに。教え子たちからいろいろ教えられ、支えられて教師生活が全うできたとしながら、こうも語ります。

「今思うと、母はあのとき『痛い涙』を流すことで凛とした正義を示唆してくれた。結局、それが自分を教師の道に導くことにもつながったのでしょう」

自身も年齢を重ねるうちにそうした母との思い出がだんだんと薄れていく。「それが残念でしょうがないが、年老いていくということは、そうした記憶からも解放されることなのだろう」と自問します。

ただ、こうして手紙を書くことで、薄れていく母の記憶をひとつの形に残せたとも言います。

「手紙を書き上げてみて、ほっとしています」

手紙 2

白い目薬

余白（男性89歳・静岡県）

2018年 金賞受賞作

母さん、冥界《そこ》からオレが見えますか。

オレ、来年は遂に90歳の大台。母さんの享年を遥かに超えます。丈夫に育ててくれてありがとう。

母さんとの想い出はキリがないけど、中でもとっておきはこのエピソード。

小4の頃、歳の瀬の路地裏でメンコ遊びに興じていると、一陣の突風に襲われて目にゴミが。

「痛ッ！」

慌てて家の中へ駆けこむと、母さんが「やッ大変」と赤子の弟を脇へ置き、左の二の腕でオレを支え、右手で乳房を掴むとオレの目めがけて勢いよく絞りだす集中放乳？作戦。

その一条の白い目薬はすっかりゴミを洗い流してくれたっけ。

80年後の今も母さんの肌の温もりと共に鮮やかに覚えています。

母さん、オレが母さんの許へいける日は遠くない。50年ぶりに会える母さんはどんな迎え方をしてくれるだろう。

母さんはお茶目だからこんなこと言いそう。

「アレ、えらいお年寄り。もしかしてわたしの父ちゃん？」

そしたらこう返してやろう。

「三男静雄、只今母上の御許《おんもと》へ参上」

『白い眼薬』の向こう側

手紙に登場した強烈なエピソードは80年も前の話です。

「でも、片肌を脱いで乳房をつかんだ母の姿だけでなく、肌からしっとりと伝わってきた、むせるような匂いまで昨日のことのように鮮明に覚えています」と余白さんは少しはにかみながら言います。

7人兄弟で上から3番目の余白さんは、物心がついた頃には幼い弟や妹がいて、思うように甘えられなかったのだと思います。やんちゃをしてはげんこつで殴られたり、お灸をすえられたりもしながら、「優しすぎるほど優しかった」と母の愛情の深さをしっかりと受け止めています。

「色白で器量が良く、周りからちやほやされることも多かったので、父がよく焼きもちやいていました」

母は小学校は3年までしか行っていないのにいろいろと物知りで、町内の人からは頼りにされるリーダー的な存在でもあったそうです。60歳を過ぎて心臓発作で倒れ、そのまま帰らぬ人となってしまいましたが、葬儀には大勢の人が詰めかけ、その人望の厚さを改めて知ったと振り返ります。

そんな母は、余白さんにとって命の恩人でもありました。

戦時下の日本では、高等小学校を卒業すると当時の男子は長男以外は軍隊に入ることが多かった。余白さんも学校の先生から日本の領土だった満州国（中国）の開拓を目的にした満蒙《まんもう》開拓青少年義勇軍か海軍少年飛行隊を勧められました。すると、母から「お前は海軍少年飛行隊を受けろ」と強く言われたのでした。

実は余白さんは、学校の朝礼ではいつも先頭に立つほど小柄でした。むろん海軍は身長が足りずに落とされたわけですが、「母は落ちるとわかっていたからこそ海軍を受けさせた。義勇軍ならそのまま中国に連れて行かれ、生死がどうなったかもわかりません」。

母が亡くなってから50年。「母のおかげで命を長らえた」という感謝の想いは終生変わらず持ち続けていくのでしょう。

手紙
3

お母さんみたいなお母さんになりたい

そうママ（女性31歳・宮城県）

お母さん、お元気ですか？

あの日からもう20年がたったんだね。この前は夢に出てきてくれてありがとう。平気なふりをしていても、学生のときは授業参観の度に心がチクチク、お母さんとケンカしたって言う友達がうらやましくてしかたなかった。

私は11年しか一緒にいられなかったよって。それでもときが経つにつれてお母さんがいないことも受け入れていたんだよ。

だけど、結婚して子どもが生まれたら、またお母さんがいないことを実感。親に預けて出かけたよって聞いて、いいなぁ。本音で相談できる相手がいて、いいなぁ、なんて。

でもね、それよりもっと強く感じたこと。子どもに手をかけて、声をかけて、見つめていると。あぁ、私もこんなに抱きしめてもらったんだ、11年も一緒に過ごせたんだ、こんなに愛してもらっていたんだ。

短い間に一生分の愛情をそそいでもらっていたんだって気づいたよ。

お母さんにしてもらったことを私も自然と子どもにしていて。今はお母さんの表情や仕草が前よりたくさん浮かんでくる。お母さんをより身近に感じているよ。

お母さん、私もお母さんみたいに仕事もしっかり、料理もおいしいお母さんになれるようがんばるね。だからまたおじいちゃんとおばあちゃんを連れて夢の中に出てきてね。夢の中でたくさん息子のこと抱っこしてあげてね。

お母さん、いつも見守っていてくれてどうもありがとう。

『お母さんみたいなお母さんになりたい』の向こう側

そうママさんの母は、がんで40歳という若さで亡くなりました。

亡くなる2か月前、入院中に書いてくれた母からもらった最初で最後の手紙には「学芸会、がんばってね」と記されています。この手紙をそうママさんは今でも大切に取っています。

亡くなって20年が経ち、以前は感じた服や枕に残っていた母の匂いはいつの間にかしなくなったり、声が思い出せなくなったりしてくる中で、手紙の中の母の字はいつも母を思い出させてくれる。寂しいとき、会いたいと思ったときには何度も何度も読み返す。すると、そっと励ましてくれるそうです。

11歳で別れたことで、中学や高校の頃は周りが気を使ってあえて母の話題を避けてくれました。自分からも母への想いを口にはしませんでした。でも、結局それが母への気持ちを消化できないまま月日が過ぎることになり、かえって辛さを募らせることにつながってしまったのでは、と振り返ります。

「自分の中では、『母はこうだったね？』と周りに尋ねたかったし、自分と母のエピソードをもっと教えて欲しいといったモヤモヤがあったのだと思います」

今回母への手紙を書けたことで、「これまで口にできなかった想いを素直に吐き出せた」と晴れ晴れと語ってくれます。

手紙では『夢に出てきてくれてありがとう』という一文がありますが、実はそうそうは夢に出てこないとのこと。「特に、会いたいときほど出てきてくれません」。

それでもたまに現われると、同じ空間に母を感じられ、朝起きたときはとても幸せな気持ちになれると言います。

手もとには、幼い頃の自分を写した写真がたくさん貼られたアルバムがあります。ただ、母と一緒の写真が少ない。ところが自分に子供ができると、子供の写真ばかり撮っている自分がいる。「あっ、この写真のカメラ越しに母がいたんだ」。

そうママさんはいつも見ていた自分の写真に、母の存在を近くに感じました。

手紙 4

松山へ一緒に行こう

星田由希子（女性55歳・奈良県）

2019年
銅賞受賞作

　母さん、父さんの故郷の松山に招待されたよ。なんとエッセイの表彰式。誰よりも喜んで、おめでとうと言ってくれる笑顔が目に浮かぶ。母さんが元気なときだったら、絶対に一緒に行こうって誘っていたのに、それだけがとても残念。

　確か私が小学校に上がる前、家族で松山に行ったよね。道後温泉の大広間で、お団子を食べたことだけは覚えている。あそこまで行って、有名なお風呂には入らなかったのかな。どうなんだろう。今は母さんも父さんもいないから、この記憶が正しいのか聞くことができない。

正直悔しいよ。他のいろいろな思い出も、もう誰とも話せない。だからどんどん色あせてきてしまった。それは思いがけず、すごく寂しいことだと今になって気がついた。

だけどね、父さんの妹さんに電話をしたら、今も松山に住んでいるから会いましょうって。叔母さんは当時の懐かしい話もしましょうと言ってくれている。記憶を確かめることができそうだよ。

母さんは病気が治ったら、松山の道後温泉にもう一度父さんと行きたいって言ってたよね？　それを思い出して、いいこと考えついたんだ。いつもリビングに飾っている2人が仲良く並んでいる写真。大事にスカーフに包んで、バッグに入れて直彦さんと松山に行くね。

私たちも久しぶりの夫婦旅行。道後温泉も松山城も一緒に行こう。そして叔母さんと叔父さんにも会おう。きっと懐かしい話に花が咲くよ。

手紙
5

小さな奇跡を呼んだ桜

如月光生《きさらぎこうせい》（男性68才・福島県）

2018年
銅賞受賞作

母さん、憶えてますか。

あのとき、母さんはとうに90歳を超えていましたね。

母さんは腰を痛めて、ほとんど寝たきりになり、そして認知症にもなっていました。我が子の名前も忘れ、片言の話はできても、すぐに忘れちゃうんですよね。

「きょうは何日だっけ？」と何度も聞くわけです。

何度答えても、悲しいほど記憶に残りませんでした。それを承知で、母さんを車に乗せて、満開の桜を見に行きましたね。

「ほら、母さん、北小学校の桜だよ」

ゆっくり走る車の中から、母さんは桜を見て、「きれいだねえ。北小の桜を見るの、何年振りかねえ」と言ったのです。

その3日後、母さんに会ったとき、ちょうど窓の外では、何枚もの桜の花びらが風に流され空に舞っていました。

それを見ていた母さんはぼそっとつぶやいたんですよ。

「あっ、思い出した。光生に連れられて車の中から見た北小の桜、きれいだったねえ」

涙がこぼれました。小さな奇跡でした。

そのとき、母さんから教えられましたよ。生きるっていうことは大変だけど、すばらしいって。

母さんが亡くなって、もう3年。今年ももうすぐ桜が咲きますよ、母さん。

手紙
6

かみさま

みずいろ（女性36歳・東京都）

2019年
銅賞受賞作

お母さんへ
お母さん、私もお母さんになってもうすぐ8年になるよ。男の子のお母さんだよ。びっくりでしょ?

息子がね、もう少し小さいときによく言っていたの。「はやくおとなになりたい」って。それでね、ある日ふたりでお風呂入ってたらさ、言うんだよ。

「はやくおとなになりたいけど、おとなになったらかーかはいなくなっちゃう」

それで、天井を見上げながら大きな声で言うの、ポロポロ泣きながら。

「かみさま、お願いです！　かーかを長生きさせてください！　どうか……!!」って。

お母さん、覚えてる？

私も小さい頃、「かーかがいつかいなくなっちゃうなんてやだ」ってしょっちゅう泣いていたのを。若い頃に父親を亡くしたお母さん。そのときね、どんな気持ちで私の言葉を聞いていたのか初めてわかったような気がしたんだ。

お母さんがガンだとわかって、真夜中にひとり叫んだことも思い出したの。「神様、助けてください！　お母さんを助けてください！」って。

いつかのお母さんが、今の私に重なって、いつかの私が、息子に重なってお風呂で一緒にポロポロ泣いちゃった。

かなしい、さみしい、うれしい、あったかい。でもやっぱりさみしい。そんな気持ちになったよ。お母さんになって、お母さんの追体験をしているように思うことがたくさんあるの。いつか答え合わせができるかしら。それじゃあ、また書くね。

手紙 7

自由を謳《うた》う左手

yukari（女性38歳・静岡県）

2019年
銀賞受賞作

「左利きは不便だからって、小さい頃、ママのママに無理やり右利きに矯正されたの」

正しい箸使いを教えながら、美しい書を教えながら、ことあるごとに幼い私にそう話していたママ。だから私の知っているママは、右手の巧みな箸捌《さば》きで焼き魚を食べ、流れるような綺麗な字を書く書道の先生だった。

でも7年前の夏、ママは脳梗塞で右半身に麻痺が残った。右手の自由も奪われ、30年間掲げた書道教室の看板を悔しそうに下ろした泣き顔を、ママが逝って一周忌を迎えた今でもはっきり覚えているよ。

凄く辛かったよね。だけど、半年後の元旦。酷い乱筆の年賀状が私の元に届いた。『明けましておめでとう。半世紀ぶりに左手で書く年賀状です。5歳に戻った気分で懐かしく、ワクワクしながら書いています。昔取った杵柄《きねづか》？ どう？ なかなかのものでしょ？』

あんなに流麗な字を書く人だったのに。思うように体が動かせず、もどかしくて苦しい筈《はず》なのに……。過酷な試練さえ、懐かしいという感情に染め変え、ワクワクというポジティブさで楽しめるママ。そんなしなやかで強靭なママを逞《たくま》しく誇らしく思ったよ。右手の自由を奪われても、あのときママはきっと60年ぶりに左手の自由を取り戻したんだよね。この一葉の年賀状は、ママの再生の証。

だから、今でも大切な私の宝物。いつの日か、私がママに会いに行く日が来たら、そのときは天国でも私に書道を教えてくれる？ 勿論、左手でね。

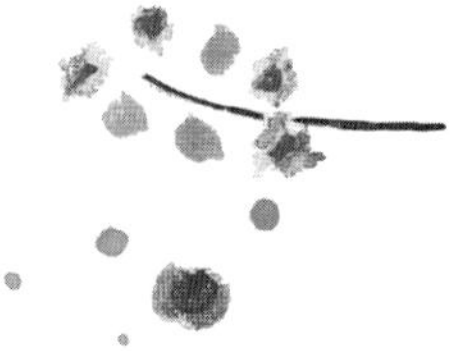

第2章
突然襲ってきた
別れでした

手紙 8

母のだご汁

Donko（女性52歳・兵庫県）

「だご汁ば作って待っとるけん」の電話に愛想なく返事したのが心残りです。

突然逝ってしまったけん、実感がわかんでお葬式でも泣けんかったよ。

専業主婦のお母さんば少し軽蔑しとったけど、葬儀場に入りきれんくらいの人がお別れに来てくれて「お母さん凄かな」って思ったよ。

3年たった今も、姉ちゃんが出かける先々で「お母さんにはほんなこてお世話になったとよ」って声ば掛けられるんだって。

私が20歳のとき「あんたば産んどって良かったあ」って言ったの覚えとる？

たいぎゃ嬉しかったよ。

兄妹、歳が近かったけん、産むのばためらったとでしょ？

お店も何もない阿蘇山のふもとで乳飲み子ば育てるのは大変だったよね。

座ってるとこ見たことなかもん。


お母さんの高菜漬けが食べたい。

すっぱい梅干しが食べたい。

温かいだご汁が食べたいです。

鏡に写る私はお母さんにソックリ。

「ありがとう」をいくら積み重ねても感謝しきれんばってん、自分より相手を思いやるお母さんのようになることが、命を受け継いだ私の使命と思っています。

今度、お母さんお父さんに会いにお墓参りに帰るけん。

『母のだご汁』の向こう側

『だご汁ば作って待っとるけん』

これが、Ｄｏｎｋｏさんが母と交わした最後の会話でした。前日まで地元の体操教室に元気に参加していましたが、実家の裏に住むＤｏｎｋｏさんの兄の子どもが翌日、家で倒れているのを発見しました。原因は心筋梗塞で享年79歳でした。

Ｄｏｎｋｏさんはその月の連休に家族で帰省する予定だったので、「なんの孝行もできていなかったし、お礼も言ってなかった」。そんな想いを伝えるため、手紙を書きました。同時に、突然だっただけに3年経った今もなかなか母の死を受け入れられない。そんな自分に向けて書いたとも言います。

3人兄弟の末っ子であるＤｏｎｋｏさんにとって、「こたつのような温かくほっとできる存在」だった母。漬物や梅を樽に漬けては近所の人に配ったり、おはぎやお饅頭を作っては友人知人に配ったり。1日のほとんどを台所で過ごす母の家はいつもたくさんの人が集まり、「カフェみたいでした」。

ちなみに、手紙にある『だご汁』とは熊本県の郷土料理で、小麦粉を練って作っただんご（だご）に肉や野菜が入ったお汁。Ｄｏｎｋｏさんもよく作るそうですが、「母が作ったものとは深みと愛情がかないません」。

社会人になった1年目に2人で京都を訪れたこと。夫の仕事の関係で台湾に住んでいたときに、わざわざ台北までやって来て2人で異国の街を散策したこと。そんな思い出がときどき去来します。

子どもが好きで、中でもＤｏｎｋｏさんの長男は大のお気に入り。「一緒に住むのが夢」と言うほどでした。亡くなる1週間前に、長男がひとりで熊本の家に泊まりに行った日は経験したこともない大雨が降り、夜中にはカミナリが鳴り響いていましたが、「〇〇（長男）が一緒で心強かった」と喜んだそうです。少しだけ、夢がかなったのかもしれません。「日頃から、母は『ぴんぴんころりがいい』と言っていたので、そのように逝けて良かったと思うようにしています」

手紙 9

季節違いの梨

桜桃《さくらもも》（女性34歳・新潟県）

2018年
銅賞受賞作

お母さん。

今年もまたお母さんのいない母の日がやってきますね。明るくて優しくて、誰からも好かれたお母さん。突然の病で逝ってしまってから、もう5年も経ちます。

実はね、ひとつ、大きな後悔があります。お母さんが病床で食べたいと言った、梨。あれは6月で、私はスーパーを2店まわったけれど見つからなくて、代わりにりんごを買ってきたんだよね。

お母さんは一瞬がっかりした顔をしたけれど、すぐに笑って「いいよ」と言ってくれた。そしてその5日後、容体が急変して、亡くなってしまった。

まさかあれが最後のお願いになるだなんて。もっと必死で探せば良かった。今でも悔やんでいます。食べさせてあげられなくて、本当にごめんね。

ねえ、お母さん。お母さんが亡くなって3年後、私にも初めての子どもができました。女の子です。名前は、梨に心と書いて、梨心。りこといいます。

あなたがこの子を空からずっと見守ってくれますように、そしてあなたのように優しい心を持った子に育ちますように。そんな思いをあなたが最後に望んだ梨の字に込めて名付けました。

その子も今では1歳半。元気にスクスクと育ってくれています。

母の日には梨心を連れて、お母さんの墓前にお参りに行くからね。5月はまだ梨の時期には早いから、お供えはやっぱり代わりのりんごになってしまうけれど。

でも優しいあなたのことだから、きっとまた笑って許してくれることでしょう。

『季節違いの梨』の向こう側

実は、母ではなく、亡くなった父に宛てた手紙です。

「無尽蔵の愛情を注ぎ、いつも温かく包んでくれた父は、私にとって母的な存在でした」と桜桃さんは表現します。

子どもの頃から文章を書くと喜んでくれたし、褒めてもくれた。そんな父に桜桃さんは誕生日や父の日には手紙を書いて贈っていました。この手紙もまた読んで欲しいと願って綴ったわけです。

3人兄弟の末っ子だったこともあり、「兄や姉に比べて甘やかされて育った」と言います。社会人になっても、兄と姉は実家を出て独立しましたが、桜桃さんは実家暮らしを続けました。そんな娘がさぞ可愛かったのでしょう、週末になると一緒にドライブをしました。

「まるで子供のよう」と笑いながら、桜桃さんにとって一緒にいた時間すべてが、大切な思い出として残っています。

ところが、急性骨髄性白血病という突然の病が父を襲いました。

当時、結婚して遠方に住んでいた桜桃さんは毎週末、高速バスに乗って父の病院に通い続けました。『好物だった梨を食べさせてあげられなかった』日もいつもの週末。でも、容体が急変し、逢った日からたった5日後に亡くなることに。その日は平日だったため、最後のお別れに立ち会うことができませんでした。

「父が一番好きだったのは、ちょっと酸っぱくて堅い二十世紀梨。実は私も大好きなんです。父が亡くなった後に母から聞かされ、そんな話を父としたかったと思うとたまらない気持ちになりました」

梨への想いは桜桃さんにとっては相当に大きなものとなり、初めてのお子さんの名前に「梨」の一字を付けました。

「最後の願いをかなえてあげられなかった」

突然襲ってくるお別れにはいつもそうした後悔がつきものですが、桜桃さんは手紙で伝えることができて、「少し和らいだ気がしました」と語ります。

手紙
10

空への恩返し

諸島《もろしま》　一《はじめ》（男性55歳・愛媛県）

4年前のあの日、お母さんは突然倒れたよね。体を揺さぶり、大声で呼びかけているのに、開いたままの目はなにも見つめていなかった。僕は正直「もうダメだ」と思ったよ。だけどお母さんは病院のベッドの上でそれから2週間もがんばってくれた。僕らにきちんとお別れする時間を作ってくれたんだね。

お母さんはいつだって僕の味方をしてくれた。だけど僕は、なにをお返しできただろう。あのとき、「もう意識は戻りません」と宣告されたお母さんの寝顔を見ながら、僕はただそのことを考えていたよ。

東京で暮らしていた頃、お母さんは何度か僕のアパートを訪ねてくれたね。

「ああ、あんたもこうやって東京の人になっていくんじゃなあ」

狭い部屋の壁にもたれてお母さんがもらした言葉、いなくなった今でも耳に残っているよ。そう、僕は「東京の人」になりたかった。ずっと自分のことしか考えてなかったんだ。お母さんが自分を後回しにして、真っ先に僕の幸せを考えてくれたのと反対だったね。

結局僕は憧れていた東京の人にはならなかった。故郷に戻り、一家を構え、お母さんと過ごし、そしてお母さんを見送った。もしかしたら、それが僕にできた数少ない恩返しなのかもしれないな。でも。だとしても全然返し足りないよ。

空から見てくれているお母さんを、僕と家族の奮闘でもっと喜ばせたいよ。

お母さん。僕、がんばるけんな。

手紙
11

雛人形の箱に収めた手紙

なつかし屋（女性48歳・三重県）

立春の今日、雛人形を出しました。
母さん、覚えていますか？
貴女と私は毎年雛人形を片づけるときには、必ず一緒に手紙を書いていました。
1年後のお互いに向けて書かれた手紙。
貴女の手紙の最後には、必ずこう書いてありました。
「大好きなみーちゃん。今年もよろしくね」と。
母さん、その手紙のやり取りは、突然、永遠に終わりましたね。

貴女は病で入院して、あっと言う間にこの世を去ってしまいましたから。51歳という若さでした。

私は悲しすぎて、貴女を思い出すものをすべて処分しました。雛人形の箱に溜まった手紙も。

私はあのとき、貴女に捨てられたような気がしていたんです。

違うのに。違うのにね。

飾り終えた雛人形は、どこか嬉しそうな顔をしています。

春です。もうすぐ母の日がやってきます。

お墓参りに行きますね。

そして……。

私も毎年貴女への手紙に書いていた、あの言葉を墓前に贈ります。

「大好きな母さん。今年もよろしくね」

手紙 12

最後の届け物

ようこ（女性77歳・東京都）

母ちゃん、私は77歳になりました。

孫も大きくなりましたよ。

戦争を乗り越え、いつも慎ましやかで何事にも耐え忍び、品位は忘れず、五目御飯を作るのが上手だった母ちゃん。

故郷を離れ、東京にお嫁に来てから実家に行く度に、東京へ戻る車や列車の中でいつまでも涙する私に、いつも微笑みながら、うんうんと頷いて、また待ってるよ、と送り出してくれた母ちゃん。

待ってるよ、は永遠だと信じていた私に、ある年の暮れ、耳を塞ぎたい知らせが入ってきました。

大晦日からお正月に皆が遊びに来て、気持ちよく過ごせるようにと家をきれいに掃除し、準備を整えた母ちゃんは、その後、私の嫁ぎ先に豆餅やらなにやらを送ろうと郵便局に重い段ボール箱を持って運んでいる最中に道で倒れ、そのまま帰らぬ人となってしまいました。

最後の言葉も交わさぬうちに……。

葬儀より先に、我が家には豆餅入りの段ボール箱と年賀はがきが届きました。

最後の母の愛がたっぷり詰まったプレゼントでした。

私はまたも涙、涙で過ごしました。

最近、母ちゃんに似てきたとよく言われます。それが、本当に嬉しいです。

母ちゃん、心から感謝です。ありがとう。

手紙
13

魔法の言葉

てるせあん（女性58歳・東京都）

お母さん、貴女はいつも私の絶対的味方でしたね。
私が失敗しても泣きたくなっても、貴女はいつも「大丈夫、今度はうまくいく」
と言って励ましてくれた。
貴女の「大丈夫」は魔法の言葉。
本当になんでも大丈夫になった。
貴女が逝っちゃう前日、不安でたまらなかったときも、貴女の目は「大丈夫」っ
て言ってくれた。

それなのに、あっけなく逝っちゃった貴女……。

大丈夫じゃなかったじゃないって私は泣いたけど、時間が経ってわかりました。

やっぱり大丈夫だったんだね。

だって私、癌になったけど、10時間以上の手術も化学療法もみんな乗り越えられた。

耳の奥にいつも貴女の「大丈夫」が聞こえる。

お母さんは今でも私を見守ってくれているんだね。

今度は私、自分の娘たちに「大丈夫」を伝えます。

貴女のような笑顔で。

もうすぐ母の日。私は今年も貴女の大好きなピンクの花を贈ります。

お母さん、いつも本当にありがとう。

手紙
14

白いカーネーション

若葉（女性50歳・東京都）

お母さん。お母さん。

お母さんが天国に旅立ってからだいぶ経ちますがそちらはいかがですか？

元気に過ごしていますか？

お母さんのことだから、友達をたくさん作って楽しくやっているのではないかと思います。

そしてときどきは、私たちのところに様子を見に来てくれているのでしょうか？

お母さんに話したいことがたくさんあります。

お母さんが突然自動車事故で亡くなって、別れのお葬式はちょうど母の日でした。最後に手を振って別れたあの場所には、悲しくて、寂しくて、しばらく行くことが出来ませんでした。あのときはこんなに早く別れが来るとは夢にも思っていませんでしたから。

お母さんも同じ想いだったと思います。皆と、もっと、もっと、一緒に過ごしていたかったに違いないことでしょう。

突然やってきた別れ、それはお母さんも私たちも想像していなかったことでした。偶然にも、母の日に執り行われたお葬式の日、街は赤いカーネーションで溢れていました。とても寂しかった。

私たちはお棺の中に白いカーネーションを捧げました。何年経った今でも母の日はお母さんに無性に逢いたくなります。

私と弟にとって、お母さんは母であると同時に父でもありました。たったひとりで懸命に育ててくださった。自分で子供を産み育ててみて、お母さんのご苦労が初めて理解できるような気がしています。

あの頃は、私も弟もまだまだ子供で、お母さんに心配ばかりかけていました。さあこれから、これからいろいろとやってあげたかった。孫の成長も楽しみにしていたお母さん。あのとき4歳だった孫は今年大学生になります。

きっと天国で喜んでいてくれるよね。

名残惜しいですが、またいつか会えることを信じて、私が天国に逝くその日までしっかり生きていきます。言葉を交わすことが出来なかったけれど、心の中ではいつも繋がっていると思っています。

お母さん、私を産んでくれて、ありがとう。

『白いカーネーション』の向こう側

具合の悪かった孫が「食べたい」とせがんだものを買いに出て、乗ったタクシーが事故にあう。若葉さんの母は突然の事故で帰らぬ人となりました。

父を亡くしてから、自分と弟を女手ひとつで育ててくれた母であり、頼れる父でもあり、そして仲の良い友人のような存在が突然いなくなってしまう。

「もっと話をしたかったし、聞いておきたかったこともいっぱいある。だいたい準備なんかできていない……」

若葉さんを襲った悲しみは、言いようがないものでした。

結婚し出産し、別々に暮らしながら、子どもの面倒をみてもらうなど2、3日おきにしょっちゅう顔を会わせていた2人。『最後に手を振ってわかれたあの場所』は亡くなって16年が経った今でも近寄れないと言います。

葬儀を執り行ったのは母の日。母を祝う日が毎年、母を思い出す辛い日にもなってしまい、「今でも、本当は母の日が来なければいいと思っています」。

手紙を書きながら、いろいろ思い出してしまい、涙が止まらなかったと若葉さんは言います。でも、ある大きな変化にも気づきました。

これまで自分の弟以外には一切母の死について語ろうとはしませんでした。それこそ口にするのも、思い出すのも嫌で、自分の中で封印したと思っていたはず。それなのにこうして母への手紙を初めて綴れたことで、「伝えたかった後悔の念が吐露できて、ようやく母の死を受け入れられたような気がします」。

当時、母だけが亡くなったことにやり場のない憤りも感じていました。

「事故にかかわった人たちがとても憎かった」

ところが、手紙を書き終えてみると、あんなに悔しくて、憎くて、マグマのように噴出した憎悪が跡形もなくなっている。いつの間にか消えていたのです。

「もう、健康で元気な心に戻ったんだよ」

若葉さんは、そう母が知らせてくれたのだと感じています。

Column 「母の日」の由来

本来は亡き母を偲ぶ記念日でした

今ではギフト記念日として定着している「母の日」ですが、実は母想いのあるアメリカ人女性が亡き母に感謝を表す記念日として始まったことはあまり知られていません。

20世紀初頭の米国フィラデルフィアに住むアンナ・ジャービスの母は、南北戦争中に傷ついた両軍の兵士たちを看護した献身の人でした。1905年5月に他界すると、アンナは敬愛してやまない亡き母への想いから、世の母に感謝を表す記念日作りを思い立ちます。

1908年5月10日に「母の日」を祝う会を催し、母が好きだった白いカーネーションを祭壇に捧げました。これが最初の「母の日」とされています。やがて全米にこの動きが広がり、1914年の連邦議会で5月の第2日曜日を「母の日」と定める法律が可決されたそうです。

日本では青山学院大学の米国人教授によって初めて紹介されたようですが、戦後、1947年頃になって米国にならい、5月の第2日曜日が「母の日」に定められたと言われています。

第3章

今も後悔していることでいっぱい

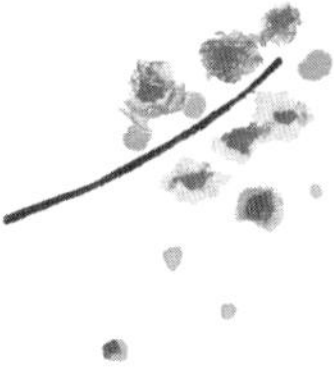

手紙
15

会うことがなかった母との文通

つげちゃん（男性73歳・神奈川県）

4年前のある日、あなたの息子だという男性から電話を頂きました。自己紹介の後、「母が昨年末、亡くなりました。92歳でした。あなたのことを母がよく言ってたものですから……」と。

私は生後60日目、父が病で逝き、あなたは私を祖父母に託し実家に帰ったと。以来、あなたにお会いしていません。

13年程前、私は定年を迎えました。そのとき、60数年前の父の日記を発見、その中に父のあなたへの想いがいっぱい書かれていました。

それまで私は「母に捨てられた」との恨みを持っていました。でも、父の「あなたへの想い」を知って、この想いをあなたに知らせたいと思ったのです。

「いとほしき　わが妻ならば　きみを抱き　ふたりで熱き頬をつけて寝入」

日記をコピー。初めてあなたに手紙を書きました。返事を頂きました。「お父さんは本当に優しい人でした」と。

以来手紙のやりとりをしましたね。

妻から是非にと勧められて買ったバッグを「母の日」に贈ったこともありました。恨みはありませんでした。

ご子息から電話を頂いたとき、「一度はお会いしておけば……」との思いが心に迫りました。

お母さん、父さんにもう会えましたか。父さんに二度目のお嫁入りですね。

お母さん、父さんとやすらかに……。

『会うことがなかった母との文通』の向こう側

『私が生後60日目、父が病で逝き、あなたは私を祖父母に託し実家に帰ったと』

このことをつげちゃんは小学校のときに、祖父母から聞かされました。

小学校の父兄参観日がやって来ると、クラスの友だちの両親よりふた回りも歳が離れたつげちゃんの祖母が教室に立っている。子どもながらにどこか気恥ずかしさを感じ、つくづく自分は『母に捨てられた』と恨んだと言います。

つげちゃんは大学に通っているときに、母から一通の手紙を受け取りました。そこには「あなたに逢いたい」と書かれていました。

「逢っていいものだろうか？」

祖母にそのことを伝えると、どこが寂しい表情をしたそうです。

「今更逢う気などないよ」と答えると祖母がほっとしたように、にっこりと笑ってくれた。

以来、母には逢ってはいけないものだとつげちゃんは心に誓ったのでした。

そんなつげちゃんの決心を一変させたのが10年前のことです。

定年を迎え、身辺整理をしていたら、生後60日目で亡くなった父の日記が出てきたのです。そこには母を愛おしく思う父の気持ちが生々しく綴られていました。

「この思いを知らせてあげなければ」と自分を捨てたと恨んでいた母に初めて手紙を書きました。すると、母からも返信が。互いに交わす文通はおよそ5年続きました。

母の手紙には「父が優しかったこと」、そして「自分の名前を母がつけたこと」などが書かれており、それを読むにつれて、いつしか恨みは消えていったそうです。

「逢ってみようか」と連絡を取ってみると、施設に入ったことがわかり、そこに手紙を書きましたが返信も来ない。

そして、「食べたお餅を詰まらせて、亡くなった」という悲しい知らせを受け取ったのです。

「心残りは、一度会っておけば良かった」

手紙に書いた後悔の想いを、きっと母が受け取ってくれたとつげちゃんは信じています。

手紙
16

ばあちゃん、素直になれずゴメン

がんばってるお父さん（男性49歳・新潟県）

2019年
金賞受賞作

母が10数年前に他界した。歳を重ねても唯一、頭があがらないのが母だった。娘はそれを敏感に感じとり、私がカミナリを落とすと、よく「ばあちゃんに言いつけてやる」などと小さな抵抗をみせた。

母は孫娘を溺愛し、娘も超がつく程の婆ちゃん娘だった。その娘が今年から新潟を離れ大阪で1人暮らしを始めた。私はことあるごとに電話をするのだが、良くできた娘で煙たがらず近況を伝えてくれる。お父さん、大丈夫だから心配しないでと。

私も若い頃、県外就職組だったので母からよく電話を貰った。その当時、自分は男だというプライドと若さも手伝って、母に対して随分とつっけんどんな態度を取ったものだ。しかし今こうして娘の心配をしていると、母がその当時かけてくれた言葉が、時空を超え私の心に突き刺さってくる。

人生のゴールがそろそろ見えてきた今頃になって、30数年前にかけて貰った母の言葉に感謝し涙する。生きている内に、もっと母と向き合うべきだった。

私たちには言葉がある。愛を伝え、感謝を伝えるその言葉で、くだらないことでも日常の小さな出来事でも、もっともっと会話をするべきだった。孝行したいときに親はなし……。そんな当り前の言葉が身に沁みる。

ある日、大阪の娘から電話があった。

「お父さん、母の日参りって知ってる？　母の日に新潟に帰るから、そしたらばあちゃんのお墓参りに行こう。ばあちゃんの好きだった栗羊羹を持ってさっ」

頬から流れた涙が受話器を伝ってポロリと落ちた。

『ばあちゃん、素直になれずゴメン』の向こう側

社会人になり、初めて親元を離れて暮らす娘に、がんばってるお父さんはしょっちゅう電話を掛けています。

「メシ、ちゃんと食っているか?」「元気にしているか?」

電話越しで話しながら、この言葉はどこかで聞いた覚えがある。そう、自分も大学進学で親元を離れて状況した際、母から同じような言葉を掛けられていたのです。

「でも当時は小言のように聞こえて、うるさいなと思っていました」

同じ立場になって、いかに母が親身になって心配してくれていたのかがしみじみわかったと言います。

娘は「わかったよ。お父さん、ありがとう」と優しく応えてくれるのに対し、なにかと親に反発していた自分は『随分とつっけんどんな態度』をしてしまった。東京で就職した

後、Uターンで地元に戻って母と一緒に暮らしてからも、素直に「ありがとう」という言葉が伝えられませんでした。

亡くなって10年が経った今も、そんな後悔が残ったままです。

今回、ばあちゃん子だった娘から「手紙を書いてみたら」と勧められ、初めて母に宛てた手紙を書きました。

「今の近況を書きながら、自分の気持ちが整理できました」

書きながら、忘れていた母との思い出や記憶が次々と蘇ってきました。

幼い頃は母っ子で、母が大好きだった。小学校の授業参観日では教室の後ろから母に見られていることが嬉しかった。

ところが、高学年になると急に友達の目が気になり出す。「お前のかあちゃん、来てるぞ」と言われるのが恥ずかしく、学校には来てほしくないと思ってしまった。多感な男子としては仕方がないことながら、つくづく素直でなかった自分を振り返ったりします。

ただ、そうした後悔の想いときちんと向き合えたことで、母への感謝の気持ちが改めて湧いてきました。そして穏やかな心持ちにもなった自分に気がついたそうです。

手紙 17

大好き

まさと（男性59歳・大阪府）

おかんが56歳で亡くなって27年が経ちますね。

今でも声も顔も覚えています。56歳なんて早すぎるよ……。

なにも親孝行できてない。いつもやさしく明るかったおかん。いつもおいしいもの、好物をいっぱい作ってくれたおかん。思い出すたび目がかすみます。

悔やまれるのは2回もおかんを泣かせたこと。

小学4年のとき、おかんが掃除をしていてオレが作って間もないゴム式グライダーを壊したときのこと。おかんは「ごめんね、ごめんね」とあやまってくれてるのに、拗《す》ねて拗ねて困らせ……。とうとう泣かせてしまった。

もう1回は、結婚して子供に会いに来てくれるのを奥さんが少し嫌がっていると伝え、孫に会いたいだけなのにと泣かせてしまったこと。家が近いからかわいい孫に会いに来てくれてるのに奥さんの手前とはいえ、言葉を選ばず、そのまま伝えてしまって悲しい思いをさせてしまったね。

いつだったか……、子供（絵理）が一緒のときにふと言ってくれた一言。はっきりと覚えている。「ばあちゃんは絵理ちゃんのお父さんが大好き」。

思い出すと、やっぱり目がかすみます……。

オレはおかんより長生きしてますよ。今年還暦です。心配ばかりかけていたけど、10年前に再婚して大きな愛に包まれて幸せに暮らしていますから安心してください。そう遠くない未来、おかんのところにいきます。そのとき、オレも言いたい。

「おかんが大好きです」

『大好き』の向こう側

まさとさんの母はある日、自転車に乗っていて転倒をしてしまった。

「なにしてんねんや。危ないから、もう乗ったらあかん」

まさとさんはきつい口調で注意したそうです。

実は母はがんに侵されていて、検診でがんとわかったときには肺から脳や骨に転移し、手遅れの状態だったのです。転んだのも、脳への転移で平衡感覚に支障をきたしていたからです。

でも、父や弟と相談して最後まで告知しませんでした。だから、生前にきつく叱ったことをあやまることもできなかったのです。

母は地区の役員や民生委員をし、周囲から「とてもいい人」と評判でした。

「他人のために動き、尽くしてきたのに……。もっと自分の身体をいたわって欲しかった」

『なにも親孝行できていない』

56歳という若さで亡くなったときは、様々なことが「後悔」という想いとなってまさとさんを襲い、苦しめたのでした。

27年の年月が経ってこうして手紙を書いても、いまだに母に対する後悔が去来しているのがわかります。

「今でも大切な人。いつまでも元気でいて欲しかった」。

そんな想いから、短編『時を超えた手紙』まで書き上げています。発病前の母に会って、母が亡くならない世界にするといった内容です。

ただ、自分の気持ちをあれこれ文章にしてきたことで、得るものがあったとも語ります。

「母の死は、私の人生に間違いなく大きな影響を及ぼしていますが、前に進む大切ななにかを教えてくれた気がします」

前をしっかりと向き始めた。そんな眼差しを感じます。

手紙 18

世界一のお母さんとの約束

くみこ（女性37歳・千葉県）

私は世界で3番目くらいにはマザコンだと思うよ、だからお母さん死なないでね、私寂しくて死んじゃうからね。なんて、何度言ったことだろうねぇお母さん。

お母さんが元気なときからずっと言ってたこと、とにかく私はお母さんが大好きだってこと。30歳過ぎても、なんの恥ずかし気もなく伝えられたってことだけが自慢かな。私のすることになにも反対しないで応援してくれて、自分がつらくても子供のためになんだってしてくれた。

だから今でも後悔してる。あの抗がん剤を、勧めてしまったことに。

あんなに嫌がっていたのに、苦しむだけだったのに、お母さんと離れるのが嫌で、長くてたった3年、生きられるかもしれないって希望のために。でも結局3か月しか生きられなくて、苦しんで死んでいってしまって。

お母さんはなにも言わなかったね。愚痴も、苦しみもなにも、誰のせいだとも。膵臓がんで誰だかわからないくらい痩せて。でもずっと、優しい私のお母さんだったね。

お母さんが天国にいって、1年経って、なんとなくお母さんの携帯電話を見ていたら、メモにあったの。

「くみちゃん、またくみちゃんのお母さんになりたい」って。

お母さんありがとうね。お母さんの子供で幸せだったよ。だから約束は守るね。「世界一の母ちゃんになってね」って約束。お母さんは私の世界一だったから、自分の子供たちも幸せにできるように、お母さんみたいになれるように、がんばるよ。

手紙 19

消えた5千円札

英《はなぶさ》合里《あり》（女性82歳・愛知県）

お母さんへ
お母さん。お別れして早や40数年が経ちました。
夢のようです。
この年になって思い出すのが辛く苦しい。でも、告白します。
郷里を離れて東京で学生生活を送っていた私の許に、真白い封書が届きました。
それは、大好きなお母さん貴女からでした。
開封すると、発行されたばかりの5千円の新札でした。これは、大切に大切にネ、という添え書き付きでした。

当時、学食のラーメン一杯30円時代。うれしさのあまり、ピカピカで印刷の臭いがプーンとするその新札を、しばらくの間、眺めていました。

が、その翌々日の日曜日。新宿のデパートで有名ブランドの化粧品を一式、購入してしまったのです。

ところが、10数年が過ぎた頃、8人の子供を必死に育てる母に父がご褒美にと、プレゼントした新札だったことを知りました。

そんな事実を知った私……。浅はかさを悔みました。

お母さん、いつか貴女に会えたら心から謝りたい。

心から　ごめんなさい、と……。

手紙 20

天国での再会

夢うつつ（女性63歳・東京都）

2019年 銀賞受賞作

母さんが亡くなってから3年、天国では「お母ちゃん」に会えましたか？

いつも明るく優しかった母さんが認知症となり、晩年には笑顔さえ忘れ、まるで別人のようになってしまいましたね。

「しばらくお母ちゃんに会ってないから会いに行ってくる」と昼夜を問わず徘徊し、「母さんのお母ちゃんはもう50年以上も前に亡くなっているでしょ」と何度言っても理解できませんでしたね。

霙《みぞれ》まじりの冷たい雨が降る深夜、私がちょっと目を離した隙にシャーベット状になった庭先を裸足でうろうろ歩き回っていたのです。冷えきった身体をブルブル震わせ、「お母ちゃんに会いたいんだ」とくり返す母さんを抱きしめながら「どうしてこんなことするの！」と強い口調で叱ったのです。

赤くなった母さんの足を洗いながら、私は涙が溢れ、お風呂場で声を出して泣きました。あの頃の私は、母さんの気持ちに寄りそうことなく、介護の辛さを嘆き、ただただうろたえてばかりの親不孝な娘でした。

「ばあちゃん、明日お母ちゃんに会いに行こう！」

あのときの息子の一言はまるで魔法のようでした。久しく忘れていた母さんのこぼれるような笑顔……。母さんが愛して止まなかった孫は優しい嘘のつける大人になりました。

そして、今、私はあの頃の母さんの気持ちが痛いほどわかります。

「しばらくお母ちゃんに会ってないから会いたいよ」

手紙
21

最後に言えなかった言葉

さとちゃん（女性52歳・宮崎県）

あれは、3年前の病床の介護で徹夜した明け方だった。

お母さんが、力を振り絞るように急に起き上がり両手で私を抱き寄せ、涙声で「さとちゃん、あんたを産んで良かった。ありがとう」と言ってくれたね。

お母さんに今までハグされたことなんて記憶になかったし、四人姉妹の末っ子の私は小さい頃から、一番目二番目が男の子だったら、あんたは産まれてなかったよ（跡取りの男の子が途中産まれてたら、産まれてきてない）と言われて育ったから、どこか期待外れの子としてこの世に生を受けてきたんだなあと認識していた。

ましてや、生まれてきたのは女の私だったから、誕生時は周囲からもがっかりされたらしい、と聞いていた。

だから、そんな夢にも思ってない言葉貰ってうれしいやらびっくりするやら、動揺してしまい、あのとき「うん」と返事して、お母さんの背中さするのが、精一杯だった。

それから2日後、病状は悪化してお母さんは天国へ旅立ってしまった。

お母さんがくれた最後の言葉は、私の宝物になってるよ。

生きてるとたくさんの試練があって、ときどき押し潰されそうになることもあるけど、あのときの言葉をパワーに変えて、がんばって生きていくね。

あの日、最後に言えなかった言葉、どうしても言いたかった言葉があるよ。

遠い天国に届くよう大きな声で叫ぶね。

「お母さ〜ん！　あなたの子供で良かったよ。ありがとう」

Column ｜「母の日参り」って、なに？

「母の日」に亡き母の墓前を訪ねる文化が広がっている

「母の日」はもともと、亡き母を偲ぶことから始まったわけですが、実は長寿社会の日本ではすでに、「母の日」に亡き母の墓前に訪れ、しばしの対話を交わす人がいるようです。

お線香のメーカーである日本香堂（東京・中央）が調査を行ったところ、40代以上の男女がゴールデンウィークから「母の日」にかけてお墓参りをした人は、2007年に比べて2018年では倍近く拡大したという数字が出ています。

確かに、母を見送った人にとって、「母の日」は贈り物を贈るギフト記念日ではもうないのでしょう。モノに代わって、〝祈り〟を贈る文化が知らぬうちに芽吹き、根づきつつあることがわかります。

そこで、新たな「母の日参り」という言葉が生まれています。

文字通り、「母の日」にお参りをすることを意味するもので、世の中の変化を感じ取った日本香堂が2009年からこの言葉を提唱し始めました。

同じころ、JAグループ和歌山のJA紀州が「母の日参り」の活動を始めていました。

親が子供を虐待死させる事件が相次ぐ痛ましい世相を、自分たちが生産する花で少しでも和ませ、癒せないかというのが発端です。

２０１４年からはその両者が共同で「母の日参り」の普及に取り組み始め、次第にその活動に共感する輪が広がっています。

そこで２０１７年に結成されたのが、「母の日参り」パートナーシップです。業界の垣根を超えた有志企業・団体による共同体で、２０１９年８月時点で13者に広がっています。

メンバーは、株式会社日本香堂、ＪＡグループ和歌山、株式会社日比谷花壇、一般社団法人PRAY for（ONE）、一般社団法人全国優良石材店の会、一般社団法人日本石材産業協会、株式会社亀屋万年堂、株式会社清月堂本店、生活協同組合コープさっぽろ、サントリーフラワーズ株式会社、一般社団法人花の国日本協議会、日本郵便株式会社、一般社団法人手紙寺。

「母の日参り」が、誰もが知っている歳時記となる日もそう遠くないのかもしれません。

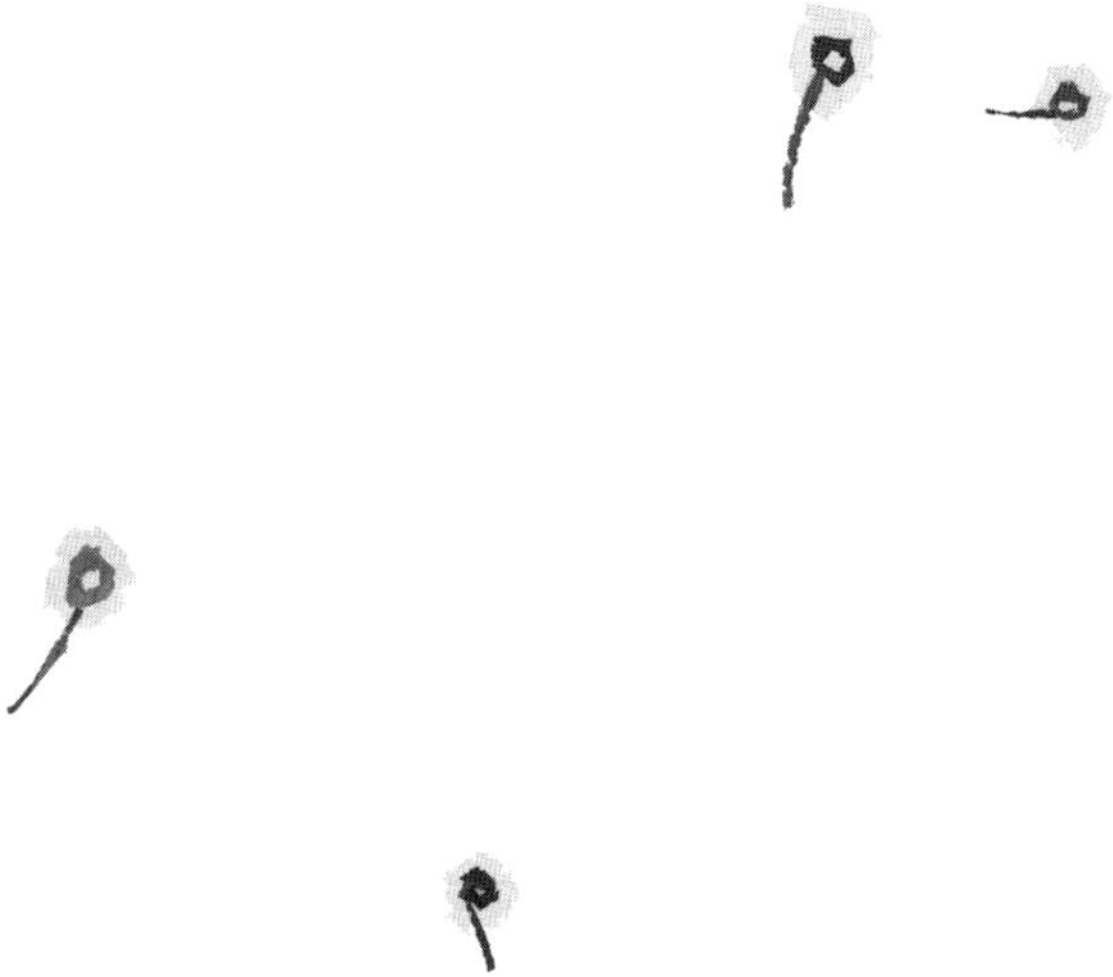

第4章
亡くなったあなたに似てきました

手紙 22

鏡の前のおしゃべり

かいどう（女性66歳・神奈川県）

桜の季節になりました。

通勤電車の車窓から見えるピンク色の景色を見ながら、「春はお花が綺麗でいいわね」と言って幼い日、家族みんなでおむすびを持ってお花見に行ったこと、桜の木の下を通って2人で買い物に行ったことを思い出しました。

「会いたいな」

「もう一度、あの塩気のきいたおむすびを食べたいな」

「もう一度、お喋りしながら一緒に歩きたいな」

もう一度、もう一度、と思っていたらなんだか涙が出てきて周りの人に気づかれないようにそっとハンカチで目をぬぐいました。

電車を降りるときにガラス窓に写ったママの顔、にこっと笑うとママも笑い、おはようと口を動かすとママもおはようと言うの。

そうなのそれは私の顔なの。

この間子供たちに「ママ、最近おばあちゃんそっくりになってきたね」って言われ、自分でもそう思うことがあり、本当はちょっと嬉しいの。

内緒だけどときどき、鏡に向かってママに話しかけているの。

私も66歳になり、いまだに洋裁も料理もママにはかなわないけど、ぬか漬けは作り続けています。今度会ったらキュウリのぬか漬け食べてみてね。あっ、そうそう梅干しも上手にできたの。

聞いてほしい話もいっぱいあるし楽しみにしています。大好きなママへ。

『鏡のおしゃべり』の向こう側

母が大切に着ていたセーターを着たとき、そして買ったまましまってあった母のスカーフを巻いたとき、かいどうさんは出がけに鏡に向かって話しかけます。

「似合うかしら？」

言ってからにこっとすると、「いいじゃない」と返事をしてくれた気がする。

「今日は暑いわね」「雨は嫌ね」

そんな日は、「気を付けて行くのよ」と言われた気がして落ち着く。

母が亡くなってから19年。かいどうさんはそんなおしゃべりを、いつも鏡越しに交わしています。

物静かで几帳面。人付き合いも少なく、普段は家の中の片づけや庭の花の手入れを丹精にする母だったそうです。

「洋裁が得意で、子供の頃の洋服は妹といつもお揃いで作ってくれました」

あるとき、小さい子を連れた見知らぬ女の人が垣根の向こうから声を掛けてきました。

「奥さん、何か食べるものはありませんか？」

すると、台所に行ってお釜の中に残っていたごはんで手早くおむすびを作り、「明日もいらっしゃい」と言って手渡しました。それを見たかいどうさんは「お昼におむすびが食べたい」とぐずると、「あの子は今日食べるごはんがないの。明日作ってあげるから聞き分けなさい」と叱られた。その顔がとても怖かったのを今でも覚えています。

「人前では出しゃばらない母でしたが、弱者に対する優しさはいまだに頭が下がります」

そんな守り神のような存在だった母に「似てきた」と言われ始めたのは5年ほど前から。

妹と一緒にお墓参りに行くために駅で待ち合わせをしたとき、先に着いていた妹が駅の改札から出てくるかいどうさんを見て「ママが歩いている」と勘違いしたのが最初でした。

娘たちからも「最近、特に姿かたちが似てきた」と言われています。

かいどうさんは母と別れてから『会いたいな』という気持ちは今も変わっていません。

でも、手紙を書きながら「いつか会えると思うと楽しみになりました」と話します。

手紙
23

餃子のレシピ

シュンスケ（男性32歳・東京都）

母さんが死んでから4年ってことは、僕の東京暮らしも4年だ。

慣れない都会でしんどいときもあるけど、「あんたは強いからどこに行っても大丈夫」っていう母さんの言葉通り、元気にやってるよ。

お陰様で健康だし、休みの日の楽しみも増えてきた。

父さんも元気でやってるよ。

年末帰って一緒にご飯食べたけど、相変わらず僕と同じ量を平らげてた。

そういえば、その日は僕が晩御飯を作ったんだけど、父さんが「味付けが母さんそっくりだ」って感動してた。やっぱり似るのかね。

でも、餃子は母さんの方が断然美味いって。確かに餃子は上手く再現できないんだよね。

どっかに作り方書き残してない？

8月か9月にはまとまった休みが貰えそう。

帰るときは、いつものチョコレート買っていくから、楽しみにしててよ。

じゃあ夏にね。

いつもありがとう。

『餃子のレシピ』の向こう側

シュンスケさんと弟は北海道にある実家を離れてしまったので、父がひとりで暮らしています。自分の住まいとは遠いのでそう頻繁に帰ることはできませんが、帰ったときは必ずシュンスケさんが晩御飯を作るそうです。

母が作ってくれたマカロニサラダが好きで、いつもそれを真似て作っていると、父は『味付けが母さんそっくりだ』と喜んでくれます。

もっとも、炊飯器で炊くごはんですら、シュンスケさんがやると「母さんが炊いたようだ」と美味しそうに食べます。

『でも、餃子は母さんの方が断然美味いって』

なかなか母の味には到達できないものも多い。でも、こうして母の味を父に届けることが、父だけでなく母への親孝行にもなる気がして、シュンスケさんはできるだけ時間を作って父に会いに行こうとしています。

夢を諦めきれずに29歳で上京したシュンスケさん。上京する2か月前に母はがんで亡くなりました。

1年以上闘病が続いていたにも関わらず、見舞いに行く度に辛い素振りを一切見せなかったと振り返ります。

「本当に強い人だと思いました」。

礼儀などに厳しく、いつも口うるさい母にしばしば反抗もしましたが、「母に育ててもらったおかげで今の自分がある」とシュンスケさんは感じています。

生前、満足に出来なかった親孝行の代わりになればと手紙を書きました。普段は忙しさの中で忘れがちな、母への感謝の気持ちを改めて思い出す機会になったとも言います。

そして、シュンスケさんの脳裏にはこんな光景も蘇りました。甘いものが好きだった母のために、実家に帰るたびにシュンスケさんはブランドもののチョコレートをお土産に持ち帰った。すると、「わざわざこんな高いの、いいのに」と言いながら、楽しそうに頬張っていた母の姿でした。

手紙
24

お母さんの口癖

けいちゃん（女性63歳・滋賀県）

「大は小を兼ねる」――そうやったね。洗うときに少しでも楽をしようと小さい鍋を選んだ結果、食材が入り切らなくて反省することしきりです。

「夜道に日は暮れぬ」――すべきことが次々にでき気が急ぐ場面で、私は、これを心の中で繰り返し自分を落ち着かせます。

「○○には○○の栄養がある」――我が子が小さな頃、ずいぶん使わせてもらいました。

しまいには、「おかあさんは、おばあちゃんとおんなじことを言う」と、子供たちに笑われましたが、それも、なんとなくうれしいものでした。

この〇〇には、どんな食べ物の名を入れても成り立つのが、これのすごいところ。

今は、娘が幼子たちに言っているようです。

もっとも、これで、息子の〝椎茸嫌い〟をなくせなかったのは心残りではありますが…。

この世に姿が見えなくなって丸１年。

昨年の母の日は、ただただ寂しいばかりでしたが、今年は、きっとお墓に会いに行きます。

まだまだある口癖を思い出すので、どうぞ手伝ってね。

では、母の日に、また！

手紙 25

ジャガイモの煮っころがし

おーさん（男性69歳・新潟県）

母ちゃん、今ジャガイモを播《ま》いてきたわ。

今年はきたあかりが旨いと言うので男爵ときたあかりを播いてみたんだ。畝《うね》を掘って堆肥《たいひ》を入れる、深さは約10センチ。半分に切ったジャガイモの切り口に灰を付けて伏せる。

昔母ちゃんがやってたように今も同じことやってるわ。

「播きどきは春の彼岸のころ」と言ってたけど、相変わらずこの時期は寒いわ。

北風が吹く寒い日、母ちゃんが手ぬぐいで頬被《ほおかむ》りして播いていたのをよく覚えているよ。

掘ったばかりのジャガイモの塩ゆでや煮っころがし、旨かったな。母ちゃんの味は絶品、あのときの味、懐かしいな。

元気で働けるだけありがたいと思わなきゃあ、が口癖だった母ちゃん。

朝から晩まで働きっぱなし、お陰でよく手伝わされたな。けど役立つことばかり、とても感謝してるよ。

母ちゃんの命日にジャガイモを掘ってみようと思ってる。

今年はきたあかりの味もみてもらおうと思ってる。

楽しみに待っててくれ。

手紙 26

満開のハクモクレン

波とつばさ（女性69歳・熊本県）

おかあさん、
私もいつの間にかハクモクレンが好きになっていましたよ。

春になるとハクモクレンを眺めていたお母さんを思い出します。

割烹着の裾で手を拭きながら縁側に来て、塀越しに見えるお隣のハクモクレンを見上げていましたね。

家事の合間のほっとする時間だったのでしょうね。

今、私は1年中ハクモクレンを眺めていますよ。
昨年リフォームしたお風呂場の壁いっぱいにハクモクレンが咲いているのです。
お母さんにも見せたいくらい素敵です。

春になると私があちこちのハクモクレンの話をするので、子どもたちは「お母さんの好きな花だから」と壁のデザインを選んでくれました。

遠くに嫁いで心配かけたけど、お母さんの最期にも間に合わなかったけど、私は今幸せです。

優しい子供たち、元気な孫たちとにぎやかに暮らしています。

春の空にもお風呂場にもハクモクレンが満開ですよ。

手紙
27

やかましさは母譲り

香雪溯那《こうせつさな》（女性43歳・京都府）

2018年
銅賞受賞作

お母さん
今年もお母さんが、息子に買ってくれた、鯉のぼりが、元気いっぱい気持ち良さそうに泳いでくれています。それを見ながら、子どもの成長を喜んでるの。天国からも見えていますか？　私たちと鯉のぼり。
今日は母の日やね。そして、私のお誕生日。
私も遂にお母さんが生きた歳より、長く生きることができました。ここまで、いろいろあったけど、やってこれたんは、お母さんのおかげです。ありがとう。

最近お父さんに、よく言われんよ?

「お前は、お母さんにそっくりや。よく怒って、よく泣いて、よく笑って、いっつも、やかましいなぁ」って。

いつも通り、ぶっきらぼうなお父さんやけど、そんな私をお母さんと重ねて見ては、涙ぐんでるよ。

私は、お母さんに似てる自分を誇らしく思ってます。

お母さんの墓前に来ると、いろんなこと「振り返るゆとり」が生まれます。「自分と向き合うこと」も、不思議と容易《たやす》くできるんよね。

だから、お墓参り来たら、心が軽くなるの。

お母さんが、お墓参りは先祖のために行ってるようで、自分のためになるんやでって、言ってたんが、今はよくわかります。

お盆は、息子たちも連れて会いに来るからね。じゃぁまたね。

亡き母を想う手紙が全国から集まる

「母の日参り」という新しい文化をもっと普及し、浸透させていこうと立ち上がった「母の日参り」パートナーシップでは、2018年から『母の日参り』手紙コンクール」という手紙コンクールを始めています。令和が始まった2019年には第2回目のコンクールを実施しました。

まだ始まったばかりの、名前も知られていない手紙コンクール。しかも公募期間が2か月にも及ばないという短期間だったにも関わらず、2回のコンクールで全国から集まった手紙は3000通を超しました。それだけ、多くの人が「亡き母に手紙を書きたい」という想いを抱いていたことがわかります。

応募条件は、「亡き母への手紙」をテーマに400～600字の書簡形式で表現された未発表・オリジナルのノンフィクション作品としましたが、集まった手紙の中には文字数を大幅に超えるものも多く、「書き出すととまらない」という書き手の熱い心情が伝わってきます。

2回とも応募者の7割が女性でした。年齢は60代が大きな山となっていますが、下は10代から上は90代までと幅広い世代に及んでいます。どの世代でも、母は大きな存在であることがわかります。

手紙は手書きで郵送派がまだまだ健在

意外に、第1回で63％、第2回で43％が郵送で手紙を送ってきたこと。デジタル時代と言われる中でも、いまだ手書きの手紙が廃れていないようです。やはり、亡き母に自分の想いを伝えたいと思ったときに、「手で書いてしたためたい」という欲求が強いのかもしれません。

第1回手紙コンクールでは歌舞伎俳優、中村獅童さんを選考委員長に、マーケティングライターの牛窪恵さん、日本香堂ホールディングス社長の小仲正克さん、日比谷花壇社長の宮島浩彰さんの3名が選考委員。第2回では選考委員長に俳優の草刈正雄さん、さらに牛窪恵さん、コープさっぽろ理事長の大見英明さん、亀屋万年堂社長の引地大介さんの3名が選考委員を務め、応募作品を読み、受賞作を選考しました。

各回とも金賞1名（10万円商品券）、銀賞2名（5万円商品券）、銅賞5名（2万円商品券）を選出し、本書では受賞作を含めた50作の珠玉の手紙文を収録しました。

「母は誰の心にも永遠に生き続ける」と獅童さん

２０１８年4月に開かれた第１回「母の日参り」手紙コンクールの金賞受賞作品発表会では、選考委員長だった中村獅童さんが壇上で作品を朗読しました。その際、「泣いてしまって途中から読めなくなったらどうしようかと不安でしたが、なんとか最後まで読ませていただいて良かったです」と話してくれました。

実は、応募作品を読みながら、２０１３年に亡くした最愛の母と自分を重ね、胸にしまっていた想いがあふれてしまったそうです。

中村獅童さんはこう続けます。

「僕だけでなく、誰にとっても母は永遠の存在なのだと改めて感じました。母は歌舞伎役者として後ろ盾がいない僕をいつもサポートし、世話をし、人生を捧げてくれました。それなのに、顔を合わせればいつも些細なことで言い合いになり、最後となった食事の席でケンカをしたまま別れてしまったことが今でも心残りです。

生きているときはなかなか親孝行ができませんでしたけれど、母が作った最高傑作と言われる役者になって恩返しをしたい。たとえ天国へ旅立ってしまっても、母という大きな存在は誰の心にも永遠に生き続けるものなのかもしれない」

また、2回続けて選考委員を務めた牛窪恵さんは、「現代社会における『母の日参り』手紙コンクールの意義」として、次のように話します。

「現代の若者は、親と仲がいい『親ラブ族』。でも普段はSNSも含め、軽い会話になりがちです。逆に40代以上は、親に『ありがとう』を言いにくい世代。そんな彼らも、〝手紙〟を書いて初めて、母への深い想いに気づくのではないでしょうか」

手紙コンクールを運営する「母の日参り」パートナーシップ事務局では、第3回となる次回の手紙コンクールの開催も計画しています。読む人の心を鷲づかみにする、どんな「亡き母への手紙」が集まるのか、次回も乞うご期待です。

interview　亡き母を想う

俳優・草刈正雄さん
「今も困ったら母に助けてもらっている」

第2回「母の日参り」手紙コンクールの選考委員長として、全国から送られてきた「亡き母への手紙」を読んだ草刈正雄さん。母子家庭で育った草刈さんの母への想いを聞きました。

みなさんが書いた手紙を読みながら、ずっと泣いていました。

もともと涙もろい方で、テレビのニュースで悲しい出来事を観たり、ドラマの台本を読んだりすると、すぐ涙が流れてしまうのですが、60歳を過ぎてからはより涙もろくなって

撮影／阿久津知宏

きました。

特に、今回は亡き母をテーマにした手紙ですから、もうこれはいけません。涙腺が壊れるかもしれないと思うほど、泣いてしまいました。

というのも、僕は母ひとり、子ひとりの母子家庭で育っていますから、母とのつながりは、それはそれは強いものがありました。手紙を読みながら、つい亡くなった母のことも思い出してしまった。

でも、みなさんの手紙を読んで僕と同様、いやそれ以上に強い母とのつながりを感じました。そして「生きているうちに、もう少し親孝行をしておけば良かった」と書かれていた。そうした後悔は僕を含め、みんな一緒なんだなぁとつくづく思いました。

父だったり、兄弟だったりといろんな役をこなした母

「あんた、なにしちょんね」

これはよく、母から言われた言葉です。

アメリカの軍人だった父は僕が生まれる前に朝鮮戦争で亡くなったので、母はいろんな

役をしながら僕を守ってくれました。僕は母と2人、17歳まで一緒に暮らしました。

少年期を過ごしたのは福岡県小倉市です。母は典型的な九州女というか、男みたいな人で、ちょっとでも悪いことをするとバットを持って追っかけてくる。それは怖い母でした。おそらく僕が道をはずれてしまうのを心配したのでしょう。それでなくても父親がアメリカ人ですから、母から聞いたことはありませんが、当時は今以上に差別的なこともあったようです。日用品の卸売店で働きながら、女手ひとつで僕を育てるのは大変だったと思います。

だから、そんな怖く厳しい母には一切逆らうことはしませんでした。わからないところで、悪さをしていました（笑）。それにどちらか言うとおばあちゃん子で、祖母がときどき遊びに来るのをずいぶんと待ちわびたものです。

「ママへ」と書いてからかわれた

みなさんの手紙を読みながら、自分は母に手紙を書いたことがあったかなと振り返ってみました。それで、小学校3、4年のときに担任の先生から「お母さんに手紙を書きま

草刈さんが幼少期の頃の、お母さんとの貴重な写真。
物心付いてから17歳まで、草刈さんは小倉(北九州市)で母と2人、四畳半の部屋で一緒に暮らした。

しょう」と言われて書いたことを思い出しました。

他の同級生は「お母さんへ」と書いていましたが、僕はチビの頃から母のことを「ママ」と呼んでいたので「ママへ」と書いたところ、クラスのみんなから笑われた記憶が今でも残っています。なにを書いたかはもうほとんど覚えていない。きっと、いいことを書いたのでしょう（笑）。

そもそも字が下手なので、手紙を書くということは大人になってからもほとんどしていない。本当に筆不精です。

中学になってからは、早く自立したいと思い始めました。

なにしろ家は四畳半の間借りだったので、チビのときはまだ良かったですが、中学ぐらいになると母と2人でその狭い空間で暮らすのはかなりきつい。早く家を出たくてしかたなく、中学3年間は新聞配達をして稼ぎましたし、高校は夜学だったので昼間は仕事をしていました。

高校は軟式野球では強い学校で、僕も全国大会に出してもらいました。ただ、当時の僕は自立することがなによりも大事。練習が終わった後にまだ16歳でしたけどスナックでバイトをしていました。厨房でするめを焼いたり、焼き飯を作ったりと朝の4時ぐらいまで働いていました。

実はそこのマスターが僕の人生にある転機を与えてくれたのです。

「正雄は見てくれがいいから、モデルになった方が稼げるのでは。俺が世話してやる」と博多のモデルクラブを紹介してくれたのです。でも、博多だと男のモデルでは食えないので、「東京に行った方がいいんじゃないか」と上京することになったのです。

「あんたの好きにしていいよ」と送り出してくれた

モデルというのがどんな仕事をするのかわかりませんでしたけど、当時昼間の仕事で手取り1万9千円だったところ、モデルクラブに入ると5万円がもらえた。この5万円に釣られて東京に出てきたわけです（笑）。

母は「好きにすればいい」と引き留めることはしませんでした。

今思うと、ひとりになってしまうし、あまり行かせたくはなかったのではないでしょうか。旅立つ日は友達が何人か駅に来てくれて「行ってこい」と送りだされましたが、母とその日顔を合わせたのかは覚えていない。行きやすいようにと、わざと距離をおいてくれたのかもしれません。

でも、別々に暮らすのはそんなに長い間ではありませんでした。

東京に出てきて、最初のチャンスは資生堂のCMに大抜擢されたことでした。「九州にいる母も見ることができるかなあ」と話したことが思い出されます。

これがきっかけで俳優の道は拓けたものの、まだまだ食っていけるかどうかは未知数でした。でも、思い切って、母を東京に呼ぶことにしました。別々に暮らしたのは結局、1年半か2年ぐらいだったと思います。

東京で一緒に暮らそうと言うと「東京で住むのかね、それはきついね」とか言ってましたが、実際は嬉しかったのだと思います。

母との暮らしが再開してからは、それまでひとりでやっていた食事や身の周りのことをすべて母がやってくれるようになったので、とても楽になりました。やっぱり、母は頼れる。そして母と暮らしたのが良かったのか、それから食えるようになったのです。

そのあと、結婚を機に別々に暮らすようになりましたが、母ががんを患い、糖尿病も抱えるなど体調を崩してから、2010年に亡くなるまでの15年ほどはまた同居をしました。

亡くなったときは、みなさんと同じで「もっとしてあげられることがあったのではないか」と後悔や無念さばかりが過《よぎ》ったことを覚えています。

母の映画好きが役者としての原点

ありがたいことに、このところドラマや映画と、役者として恵まれています。そうした作品に出ている姿を生前にもっと観せたかったと、つくづく思います。

とにかく映画が大好きな人で、チビの頃から僕を引っ張っては映画を観に行っていました。特に東映の時代劇が好きで、みなさんご存知の中村錦之助さんや大川橋蔵さん、大友柳太朗さんと当時の時代劇のスターがスクリーンに出ていました。そうした素晴らしい先生方に、役者としてのいろんなことを教えていただいたような気がしています。

僕はこんなバタ臭い顔をしているので、時代劇は絶対にできないだろうと思っていましたが、ひょんなことで出る話に恵まれ、出てみたら思ったほど違和感がなかった。その後、NHKの大河ドラマ『風と雲と虹と』で忍者の役がまわってきて、ようやく全国区の俳優になれたような気がしました。

今の僕を母親が観たら、「あんたのあの台詞まわしは錦之助さんだな」とか「この芝居は丹波哲郎さん風だな」といちいち指摘されたかもしれません（笑）。

結局、いつも守ってもらっている

そんな母を今もときどき想い浮かべます。とりわけ仕事で行き詰ったときなどは「なんとか助けてよ！」と母の顔や、昔2人で暮らしたときのことを想ったりします。いつも守ってもらったので、いざというときは母頼み、やっぱりこの人しかいません。

「助けてよ」と言っても、別に母がなにかを言うわけではありません。でも、母の姿が頭の中で浮かぶだけで、叱咤激励されているというか、僕にとってはプラスに働くようです。

東京に建てた墓にも、ふと行ってみようと思うときがあります。

行くと、気持ちが穏やかになり、心身ともに充電ができた感じになります。そのたびに、母の存在や母とのつながりをしみじみと感じますし、今の僕があるのは母のお陰だと感謝も湧いてきます。

今も肝に銘じている母の言葉があります。

それは「ありがとうとごめんなさいを素直に言える人になりなさい」。

若い頃はそんなに意識はしませんでしたが、歳を重ねてくると、素直な気持ちを持てることが本当に大切なのだと感じるようになりました。

歳を重ねれば重ねるほど、いろんな経験をするし、プライドも知らず知らずに身につく。だから、素直に感謝したり、謝ったりするのはなかなかできなかったりするものです。それでも素直な気持ちを持っていられるのはかっこいいことです。

チビの頃から母に言われてきたことをこれからも実践していきたい。そう思うと、いまだに母に支えられているわけで、やっぱり今でも頭が上がりません。

草刈正雄　くさかり・まさお

1952年福岡県生まれ。資生堂の男性化粧品のCMで注目を集め、74年に映画デビュー。16年のNHK大河ドラマ『真田丸』では真田昌幸役を好演し、ドラマで亡くなったときは視聴者の間で〝昌幸ロス〟を巻き起こした。現在はNHKの連続テレビ小説『なつぞら』で主人公なつの祖父代わりとして出演中。NHKBSプレミアム『美の壺』の案内人も務める。

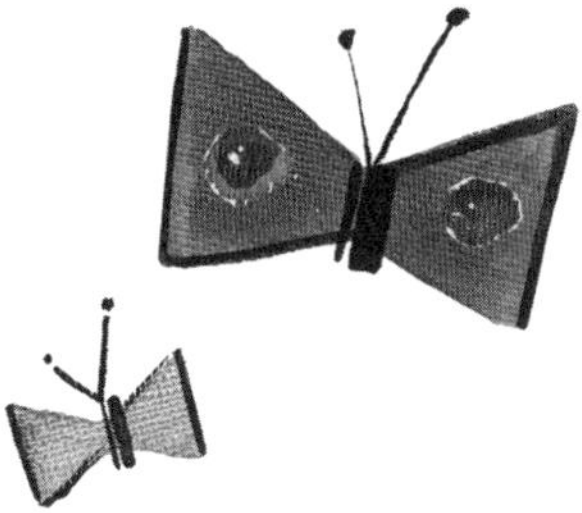

第5章 仲が良かったわけではなかったけれど

手紙
28

伝えられなかった想い

さとみ（女性29歳・東京都）

お母さん
思い返せば母の日など一度も祝ってあげたことがなかったね。
葬式にも顔を出さず私は本当に親不幸な娘でした。
上京してからすぐに会社を辞めてしまったことを報告したときに、お母さんに責められたように感じて頑固な私はそれ以来、実家に帰ることもなく結局最期まで喧《けん》嘩《か》したままだったね。

お母さんはいつも一番に私のことを考えてくれて、あのときもただ、心配してくれてただけだと今ならわかるよ。

手紙も一通も返せなくてごめんね。

「いい人が居たら、実家に連れておいで」と手紙をくれたよね。

お母さんには報告できなかったけど、実は同性のパートナーと付き合っているんだ。

孫の顔も見せてあげられないし、お母さんが悲しむんじゃないかと思ってなんとなく言い出しづらくて実家に帰れなかったのもあるんだ。

心配ばかりかけてごめんね。

突然のカミングアウトでびっくりさせちゃったかな？

伝えられなかったことがたくさんあって後悔ばかりだけど、天国でいつものように明るい笑顔で私の幸せを願ってくれているといいな。

『伝えられなかった想い』の向こう側

生前、母との関係があまりうまくいっていなかった。そんな人からも多くの手紙が寄せられました。

母と息子もありますが、それ以上に母と娘のほうがちょっとしたことでぶつかってしまい、なにかとこんがらがってしまうことが多いようです。

さとみさんもそんなひとりです。

『思い返せば母の日など一度も祝ってあげたことがなかったね。

葬式にも顔を出さず私は本当に親不幸な娘でした』

手紙の冒頭を読むだけで、その状況がうかがい知れます。

さとみさんにとって母とはどんな人だったのか尋ねてみると、「損得よりも情で動く優しい人でした」と答えてくれます。

そして、幼い頃によく絵本の読み聞かせをしてくれたエピソードを振り返ります。

ただ、母娘の関係は一度こじれるとなかなか修復の糸口が見つけられないこともあり、さとみさんの場合も意見がぶつかることが多く、徐々に口数が少なくなっていったそうです。

7年前に上京してから、そんなさとみさんのもとには心配する母からの手紙が年に一度送られてきました。でも、素直になることができず、一通も返すことができませんでした。

『手紙も一通も返せなくてごめんね』

手紙では『結局最期まで喧嘩したままだったね』と綴っています。

「ぶつかっても、もう少し話をしておけば良かった」と亡くされた今、感じている心境を正直に語ってくれます。

初めて母に書いた手紙。

さとみさんにとってはどんなものとなったのでしょう。

「後悔があったので、少し楽になりました」と話します。

手紙に書かれた『伝えられなかった想い』は母のところにきっと届いているはず。和解への一歩を踏み出せたのではないでしょうか。

手紙 29

意地っぱり

お母ちゃんっ子（女性42歳・北海道）

お母ちゃん。好きだから嫌いだったお母ちゃん。意地っぱりの娘で、ごめんね。お母ちゃんと一緒に住んでたのは、18年間しかないよね。大学で、私は、北海道へ行き、お母ちゃんは、地元の山形での生活。飛行機代がなくて、あまり帰省してなくて、ごめんね。私が、北海道に来なかったら、もう少し、娘との時間増えたのに、離れてしまい、ごめん。

でもね、お母ちゃんの深酒で、毎晩のような夫婦ゲンカ、子供的には、辛かったの。家から出たかったの。夜中中泣くし、幻覚見えてたのか？　二重人格のように会話しだすし。愚痴ばかりだし。

私、42歳になった今なら、アルコール中毒で、病気だったから、仕方ない言動だったんだ、てわかるよ。ごめんね、あの頃、家族、誰も気づかず。お母ちゃん、ひとりかかえ、辛かったよね。

大人になりわかったけど、お父ちゃんは、浮気性だったんだね。他者からの情報もあり、慢性的な浮気だったみたいだね。ひとり悩んで、お酒に走ったんだね。お母ちゃんを、わかろうとせず、好きだけど嫌いになり、ごめん。

でも、言い訳させてね。私も、子育てするようになり、まだ生まれたての赤ちゃん居るのに、離れてる私に、夜中の電話。辛かった。緊急と思い、深夜2時でも電話に出たら、お酒飲んで、愚痴。それから、何回も、止めてとお願いしても、ダメ。

結局、私、6年、お母ちゃん遠ざけてしまい、ごめん。

そして、孤独死させて、ごめん。ホントは、大好きだよ、お母ちゃん。大好き。

手紙 30

あなたの劣等生

ゴールデンパール（46歳女性・東京）

お母様、
あなたがいなくなって私、少しほっとしているんです。

あなたはいつも眉間にしわを寄せ私を厳しく睨《にら》んでいた。

そう、私はあなたにとっていつも劣等生。

小さな頃から、言葉遣い、挨拶、箸の持ち方、私を本の中のお嬢様に仕立てるべく冷たく厳しい躾《しつけ》をしてきた。

靴をそろえなければ足をペチッ、机に肘をつければ肘をペチッ、音をたてて食べればロをペチッ。

友達の優しく頼りなげな母親を羨《うらやま》しくも思った。

あなたから逃げ、初めてやってみたこと、テレビ観ながら食事、ポテトを買い喰い、昼まで寝坊、ああ楽し。

昔みたいに私を怒りたいでしょ。だけどもうできないね、永遠に。

シングルマザーなんて言葉がなかった時代のシングルマザー。

「淋しい思いさせてごめんね」なんて一度も言わなかった、代わりに残してくれたもの。

ほら、見て。あなたの孫たち、

墓前でこんなに行儀良く素直な真っすぐな気持ちで手を合わせている。

あなたが私に伝えたかったこと、やっとわかりました。

だから、今、心からお母様、ありがとう。

第6章

母のようだったあの人へ

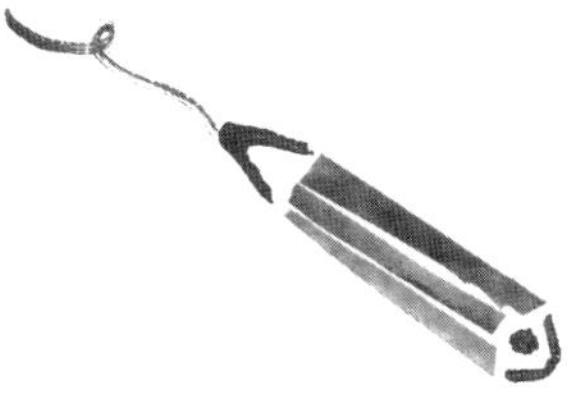

手紙
31

あなたの娘より

H・S・（女性61歳・愛知県）

2018年
銅賞受賞作

「私ね、娘が欲しかったの。でも授からなかった、だから今日から初ちゃんは私の娘です」

嫁いだときお義母さんは私にこう言ってくれましたね。おかげで一気に不安が吹っ飛びました。

「わぁ～この娘、絶対美人さんになる！　だって私にそっくりだもん」

娘が生まれたときもとてもとても喜んでくれましたね。お義母さんの宣言通り？美人さんになりました。

お義母さんが逝ってからもう1年、そちらの生活にはもうなれましたか？

ところでお義父さんと腕を組んでいますか？

「私旦那さんと腕組んで歩いたことないの。あの世に言ったら無理やりにでも腕組むの」って言っていましたね、
お義父さん今頃顔真っ赤にしてるだろうな。

お義母さんが愛した家族は元気でやっています。だから心配しないでくださいね。

それではいつかまた会える日まで。


追伸です。

最近あなたの息子が「お前おふくろに似てきたな」ですって。

嫁としては大変光栄でございます。

『あなたの娘より』の向こう側

嫁と姑と言うと、とかくぎくしゃくした関係を想像しがちですが、H．S．さんのところは30年間一緒に暮らし、ケンカらしいケンカをしたこともなかったそうです。
「お茶目でよく笑う、とてもかわいい義母で、ただ一緒にいるだけで楽しい存在でした」と言います。

手紙で『私ね、娘が欲しかったの。でも授からなかった、だから今日から初ちゃんは私の娘です』というくだりがあります。

H．S．さんの夫は双子でしたが、出産直前に二卵性の一方が亡くなってしまい、義母は二度と赤ちゃんができない身体になってしまいました。そして亡くなったのは女の子でした。なので、『私の娘です』という義母の言葉はお世辞ではない、本当の気持ちだったのでしょう。

実際2人はよく似ていて、1日に3回、実の母娘に間違えられたエピソードがあります。義母とタクシーで病院に行った際に、「お客さんたち、顔も話し方もそっくりだわ。さすが母娘だね」と運転手に言われ、義母とクスクス。そして病院で診察が終わったら先生に「はい、いつものお薬を出しておきますから、娘さん薬局に寄ってね」と言われ、顔を見合わせクスクス。

最後は帰宅したとき。ちょうど玄関前にいた夫を見たタクシーの運転手から「背の高い婿さんだね」と言われ、2人で大笑いを。わけのわからない夫が「なにがおかしいの?」と尋ねてきたので、1日に3回も母娘に間違えられたことを話すと「そりゃ、俺でも間違えるわ」と、今度は3人そろってお腹が痛くなるほど笑ったそうです。

84歳で老衰で亡くなる前日の夕方、入院する病院で「暖かくなって桜が咲いたらお花見に行こう。明日も仕事なの。また夕方に来るからね」とH.S.さんが言うと、「うん、ありがとう。初ちゃん」と答えた。これが最後の会話でした。

「亡くなるときに傍にいてあげられなくて、申し訳ないという気持ちがありました」

手紙を書いたことでそうした悔やまれる気持ちに整理ができたと話します。

手紙
32

親友のヨッシー

アルパカ子（女性36歳・北海道）

ヨッシー。なぜあんなに早く逝っちゃったの？

私がまだ19歳で定時制高校に通ってたときだよ。私がたまにお昼にうどんを作ると「美味しい」と笑顔で大事そうに食べてくれたよね。調理師だったヨッシーのお出汁のきいたうどんの方が絶対に何倍も美味しいのに。

忘れられない味がいっぱいあったな。もっとレシピ教えてもらっておけば良かったと後悔しています。

そういえばお昼といったら、当時新人アナウンサーだった安住さん。2人で大ファンになったもんね。今じゃ冠番組をもってるぐらいの人気なんだよ。これが「先見の明」というやつだよね。もっと一緒に見たかったな。

覚えてる? 私の彼のこと。

優しくヨッシーの手を取って挨拶してきたあの素敵な人。あれからずっと付き合っています。来月で18年目だよ。ビックリでしょ?

いろいろあったけどね、結婚はしなくても人生の良きパートナーなのです。

ヨッシーが生きてたら、羨ましがるだろうな。今の時代は自由な恋愛ができていいなって。

ヨッシー……、ヨシエばあちゃんはずっと私の母親代わりであり、親友でした。

私を大切に育て、支えてくれたこと心から感謝しています。

『親友のヨッシー』の向こう側

『ヨッシー』とはアルパカ子さんの祖母の愛称です。

病気がちの父に代わって母が仕事で忙しかったので、同居していたヨッシーがいろいろ育児や家事をこなし、アルパカ子さんの『母親代わりであり、親友でした』。

飲食店を営んでいたこともあって料理上手で手先も器用。何事も手際よくこなす人でした。

とても厳しく、気難しい部分もあったみたいですが、情にも深く優しい。とりわけ、孫のアルパカ子さんには人一倍甘かったようです。

そんなヨッシーも亡くなる前には認知症になってしまい、介護施設に入ることに。アルパカ子さんが19歳のとき、心筋梗塞で80歳で亡くなりました。

亡くなったときは誰にも看取られることもなかった。アルパカ子さんは後悔とショックで重いうつ状態になってしまいました。

こうして手紙にしたのは、晩年、言葉として伝えられなかったことを書きたいと思ったからだと言います。

「文字にしたことで、天国まで届いた感じがします」

今はヨッシーと交わした何気ない会話をときどき思い出しています。

「恋の話をよくしました。話してくるのはいつもヨッシーの方からでしたけど」

手紙で触れている安住紳一郎アナをテレビで観るたびに、「あんたもこういうサッパリした人と付き合えばいいのよ」とアドバイスされたそうです。

また、あるときは「実は本当に好きな人とは結婚できなかった」と言い出すことも。

「だったら、ヨッシーは私に会えなかったんだよって、半分切れ気味で返したこともありました」と当時の会話を懐かしく振り返ります。

『優しくヨッシーの手を取って挨拶してきたあの素敵な人』と手紙ではアルパカ子さんが自分の恋の話をしっかりと伝えています。

手紙 33

保健室の母さんへ

たかな（女性43歳・埼玉県）

高校生のとき、私はパニック障害になりました。

誰にも理解されない悩みを抱えて、最後の望みをかけて保健室へ向かいました。ありのままを保健室の先生に話しました。話している途中に始業のチャイムが鳴り、教室へ戻ろうと立ち上がりました。

先生は「まだ話は終わってませんよ。次の授業は休みなさい。もっと詳しく聞かせてちょうだい」とおっしゃってくれました。まさか、こんなに親身になって私の話を聞いてくださるなんて！　救われた気持ちになり、涙が出ました。

高校生活終盤は保健室登校でした。それでも保健室で先生と過ごした時間は私が心から安らげる時間でした。ギリギリの出席日数で私はなんとか高校を卒業しました。その後、先生とは手紙のやりとりをしてましたが、次第に手紙のやりとりもなくなってしまいました。決して先生のことを忘れたわけではありません。その後の私は何もかもが中途半端でした。

ある日突然、先生の死を知りました。亡くなられてから数年経っていました。ご家族が遺品整理のとき、私からの数通の手紙が出てきて、教えていただいたのです。先生が護ってくださったから高校を卒業できたのに。

会いたかったけど、中途半端な自分が恥ずかしかった。そんな私を先生はどう思うかと考えたら、涙が止まりませんでした。

あれから20年近く経ち、私は普通の主婦です。平凡ですが幸せです。伝えることができるのなら、先生に伝えたいです。「先生、私、幸せです！」

手紙
34

おばあちゃんのぬくもり

ショウ（男性45歳・東京都）

おばあちゃんありがとう。僕を引き取って育ててくれてありがとう。

あのとき僕は10歳で、おばあちゃんはもう60歳だったんだよね。お友達は旅行や習いごとを楽しんでいたのに、おばあちゃんは家事や仕事をして、僕を一生懸命育ててくれたね。

いま僕が笑顔で暮らせているのは、おばあちゃんが自分のための時間を僕にくれたおかげです。当時のおばあちゃんの覚悟や苦労が、少しは想像できる歳になったよ。心からおばあちゃんに感謝しています。本当にありがとう。

母がいない寂しさをおばあちゃんにぶつけてごめんね。授業参観に来てくれたのに、おばあちゃんだから恥ずかしいと思ってごめんね。おばあちゃんが作ってくれたセーターを、格好悪いからと着なくてごめんね。大学まで行かせてくれたのに、すぐに家を出てしまってごめんね。

自分の暮らしに精一杯で、何も恩返しできなくて、本当にごめんなさい。息子（おばあちゃんのひ孫）を連れて実家に泊まったとき、3人で寝たね。「まーちゃん（僕）が小さいときにいつもこうやって寝てた」とおばあちゃんが嬉しそうに言うから、もう大人の僕も同じ布団に入って、窮屈だったけど一緒に寝たね。

あのとき恥ずかしくて言わなかったけど、大好きなおばあちゃんのぬくもりを感じて、僕はとても幸せな気持ちだった。もっとあんな時間を作れたらよかった。

いつかおばあちゃんのところに行ったら、また一緒に寝てね。

おばあちゃん、今でも大好きです。

手紙 35

おしゃべり

眉柳《びりゅう》（女性49歳・栃木県）

前略、お義母さん

こんな他愛もない話をいつかしたい、いつでもできると思っていました。人生の節目でお義母さんがくれた一言に救われ、励まされ、考えさせられ、温かい気持ちになったことを。

バツイチ息子が私と結婚すると言ったとき、さぞかし心配したことでしょうが、「英治が幸せそうでよかった」と言ってくれました。

英太郎が生まれたとき、遠くから病院に駆けつけ、「かわいい赤ちゃんをありがとう」と、初の男子の孫を本当に喜んでくれました。

子育ての愚痴には、「自分の子供を育てているときが花よ」と。

子育ても終盤をむかえた今、お義母さんのそんな言葉を思い出しています。

子育てが一段落したら、温泉にでもつかりながら「ありがとう」と伝えたかったのに。突然に、愛するお義父さんや、冗談を言っては笑わせてばかりのかわいい息子が認識できなくなってしまいました。

今思えば、別れがつらい順に記憶から消されたように思うけど、そうでしょ?お義母さん。

身体を拭き、髪を洗い、爪を切る間、お義母さんとしたおしゃべりはとても楽しくて穏やかなひとときでした。

今もお義母さんの柔らかなやさしい声が聞こえます。

また、おしゃべりしましょうね。

手紙 36

第二のお母さん

いっと（女性24歳・愛知県）

私が体の弱いとき、
入院続きで親も仕事が忙しくひとり悲しい思いをしてたとき、
自分も病気で足も悪く、歩くのも一苦労なのに
毎日ニコニコお菓子を持って病室に顔を出してくれた昭子さん。
あのとき親にもなかなか会えなくて、友達とも遊べなくてつまらない毎日を楽しくしてくれたのは昭子さんの笑顔でした。

辛い治療も孤独も昭子さんが毎日来てくれたから、
私の知らない話をしてくれたから、
たくさんの本を読んでくれたから、
いろんな遊びを教えてくれたから耐えられました。

私が退院するころには私が昭子さんの病室に通うようになったね。
退院後お見舞いに行ったとき、昭子さんが亡くなられたのを知りました。
昭子さんは入院してる子供のひとりに過ぎなかったと思いますが
私にとって昭子さんは第二のお母さんです。

願わくばもう一度昭子さんに会いたいです。
その時は恩返しに親孝行させて下さい。

手紙 37

会員No.0001

はるかり（女性26歳・東京都）

「ママ先生」
お元気ですか？
私はなんと結婚して今は妊娠中です。
自分に子供ができて今思うのは、ママ先生から受けた数々の愛情です。
片親の私はママ先生が立ち上げたばかりの保育園に、生後直ぐに預けられましたね。
園児1号！「会員No.0001」。私のささやかな自慢です。

「他の園児とは違う、我が子より可愛い！」

ママ先生はよく私に言ってくれてましたね。

お寿司が大好きな私と母を連れお寿司屋に連れてってくれたり、小学生に上がるときにはランドセルも買ってくれて、「貴女が結婚するときは私が1番大事にしてるダイヤの指輪をあげるわ」。

そんなこと言ってたり。

成人式、振袖姿を見せに行ったら泣いて喜んでくれましたね。

他にも手紙じゃ書ききれない溢れんばかりの愛情を私はずっと受けていました。

生前言えなかった言葉
育ててくれて本当にありがとう。ママ先生から受けた以上の愛情を我が子に注げるよう、どうか見守っていてください。

子供が産まれたらママ先生のお墓にも挨拶に行くね。

『会員Ｎｏ．０００１』の向こう側

『ママ先生』とは、はるかりさんが生後まもなく預けられた新設されたばかりの保育園で園長をしていた先生のことです。はるかりさんは『会員Ｎｏ．０００１』、第1号の園児だったこともあって、「特別扱い」をされたそうです。

母は女手ひとつではるかりさんと兄を育てるために仕事で忙しかったこともあったので、よくママ先生と2人で出掛けたり、ごはんに連れていってもらったり。生徒と先生という関係を超え、本当の母娘のような時間を過ごしました。

「中学生ぐらいまでは保育園に用がなくても、ママ先生に会いに頻繁に通っていました。気がつけば常に一緒にいました」

年齢は孫と祖母ぐらい離れていましたが、はるかりさんがなにをしても「なにやってんのよ」と常に笑顔で許してくれる。子供が好きな先生でありながら、お酒とタバコとテレビゲームが大好きだったとか。男勝りで人間味にもあふれ、父を知らなかったはるかりさんにとって、頼れる父のような存在だったのでしょう。

ただ、別れは突然でした。

自宅でベッドに座ってテレビを観ていたところ、家族が気づいたときには息をしていなかったそうです。

社会人3年目で、仕事中に亡くなった連絡をもらったはるかりさんは涙が止まらず、「職場には迷惑を掛けてしまいました」。

そして、そのときに湧き上がったのが「なんでもっと頻繁に会いに行かなかったんだろう」という後悔の念でした。

「やはり、直接伝えられるうちにきちんと感謝を伝えておかなければという当たり前のことに気づかされました」

そんな伝えきれていなかった不完全燃焼な想いを手紙にまとめたわけです。書きながら、言葉を文字にして伝えることもしみじみ大切だと感じたと言います。

「これから、傍に居てくれる家族に手紙を出したいと思いました」

手紙
38

ずっと傍にいてくれた人

こうげつ（女性19歳・愛知県）

私のお母さんではないけど、0歳の頃からずっと私の傍にいて支えてくれた本当のお母さんみたいだった婆ちゃん。

小さい頃から学校行事とかいっぱい見にきてくれとったよな。

私が部活の大会で1位とったら誰よりも喜んでくれて、全然いい成績じゃないときも「偉かった！　よくがんばったやん！」って頭撫でてくれてすっごい褒めてくれた。

嫌なことあったときもすごい寄り添ってくれた。

私が子供の頃からの夢叶えるために専門学校行くってなったときも本当に応援してくれて今まで貯めとったお金を出してくれて、「向こうでもがんばれ。また帰っておいな」って見送ってくれた。

でもそのとき、ひとり暮らしをいいことに私が親との約束破ってしまって勘当されそうになってしばらく家帰れへん時期あったよな。

その私が実家に帰れへん時期に婆ちゃんの身体が危ないってことも聞かされてへんくて病気のこともなにも知らんかった。

いきなり親からかかってきた電話「婆ちゃんが危ない。帰ってこい」。

死ぬほど泣いた。怖かった。急いで帰ったけどもう私の知っとる婆ちゃんじゃなくてすごい弱っとった。

でも私が「婆ちゃん」って呼ぶと優しく笑って私の名前呼んでくれた。

でも私が帰るってなったとき婆ちゃんすごい泣いてきたよな。すごい不安なんやろうなって私まで泣けてきた。

婆ちゃんが帰らん人になったときにお母さんから聞かされた「あんたが勘当されそうになって実家帰ってこんとき、婆ちゃん自分の体調そっちのけで、あの子向こうでちゃんとやっとるんかな、食べとるかな、連絡来とる？　すごい心配しとったんやよ」って言葉。

死ぬほど後悔した。なんであんな馬鹿なことして実家帰らんかったんやろうって。

多分一生後悔すると思うこのことは。

ごめんな婆ちゃん。絶対私夢叶えてこっち帰ってくるから待っとってな。

いい報告持って帰ってくるから。

すごい会いたいです。

上智大学グリーフケア研究所特任所長

髙木慶子先生
「人間には悲しみを受け入れる〝悲嘆力〟がある」

悲しみを乗り越えるには、いったいどうしたらいいのか。30年以上に渡って多くの人たちの悲嘆《グリーフ》と向き合ってきた髙木慶子先生に、その術《すべ》を教えてもらいました。

悲嘆、悲しみというのは様々な「喪失」から生まれます。

私が思うに、人間の人生とは喪失の連続なのです。だから、私たちはいつも嘆き悲しむことと向き合い続けていかなければならないわけです。

撮影／中野 理

親しい家族や親戚、それに友人・知人との死別がそうですし、友達や恋人と仲がこじれる離別や失恋も当てはまります。大事に育てていた植物を枯らしてしまったり、かわいがっていたペットを失ったり。リストラで仕事を失うのも喪失です。やがて、自分自身が命を終えるという喪失と向き合わなくてはならない日もやってきます。

どうやら、自分の心の安定を保っていたものを失うときに悲しみは訪れるようです。

そうした喪失の中で、自分を生んでくれた母、そしてわが子のようにかわいがってもらった母のような存在を失うというのは、ほかに比べようがないほど大きな悲しみです。

どんな人間も必ず母のお腹で9か月間育てられ、この世に出てきます。子宮という字をご存知でしょう。字のごとく、子供にとっては一番安全で優しく、心地良い「宮殿」のようなところ。まさに人間にとって原点であり、故郷のような存在が母なのです。

それを失ってしまうことになるのですから、こんなに辛い喪失はないでしょう。

ひとりで悲しみと向き合うことを強いられる時代

かつての日本には、そうした悲しみを癒してくれる機能が日常のあちこちにありました。

たとえば、家族はほとんどが大家族でした。兄弟姉妹が多くいるし、祖父母と孫世代がひとつ屋根の下で暮らしていました。向こう三軒両隣と言われるような、隣近所の付き合いや地域の結びつきもありましたね。こんな環境だと、自分が抱える悲しみをそっと分かち合える人がいつも周りにいたのです。

ところが、戦後しばらくして核家族化が進み、最近では単身世帯がますます増えるばかり。近所付き合いもなくなってしまい、いつの間にか、悲しみにたったひとりで向き合わなければならなくなってしまったわけです。これは辛いことです。

また一方で、家族を家で看取ることもなくなり死に接する機会がなくなってしまった。「人間は誰でも死ぬ」という当たり前のことを我が身のこととして考えられない、死生観の空洞化も残念ながら進んでいます。世界中で大規模な災害が頻繁に起こっていますし、不慮の事件・事故も後を絶ちません。実感がなかった「死ぬこと」が突然、眼の前に突き付けられるわけですから、右往左往し耐え難い不安にも苛《さいな》まれる。

今はとても大変な時代ですね。悲しみを抱えた末にその重さに耐えきれず、その悲しみを乗り越えられない人が、かつてないほど多くなっているわけです。

私が立ち上げたグリーフケア研究所は、そうした社会からの要請によって誕生したようなものです。2005年に107人もの死者を出したJR西日本福知山線の脱線事故が起きました。私は、悲しみに暮れる遺族のケアを目的とした公開講座「悲嘆について学ぶ」を始めました。それを機に、2009年にグリーフケアを研究する日本で初めての学術機関「グリーフケア研究所」が兵庫県の聖トマス大学に開設され、翌年上智大学に移管されて現在に至っています。

研究所では、悲嘆について学ぶとともに、悲しみを抱えた人に寄り添い癒すことができる専門家の育成も行っています。

悲しむことはきわめて自然で正常なこと

喪失体験をした人が悲しむのは、もう当たり前のことです。

大切な人を亡くした直後は、息ができないほど苦しい。嘆き悲しんで物は食べられなくなるし、眠れなくなるといった症状に襲われます。これはけして病的ではありません。

身体中に悲しみが駆け巡って、涙すら出てこないこともある。亡くなったという現実が信じられず、仕事も家事も手につかない茫然自失になり、身体がまったく動かなくなるといったパニック状態が1週間、いや人によっては1か月や1年と続く場合もあります。

この「ショック期」の後に、喪失を現実として受け止めるようとする「喪失期」がやってきます。どうしようもなく涙が出てくるし、「なんで私を残していったの」と故人に腹も立ってくる。「あれもしてあげられなかった」という後悔や「こうしたから早く亡くなった」という罪悪感。許しを懇願し、やり場のない怒りをぶつけ、孤独感で泣き叫ぶ。胸を刺したいほどの自責の念に駆られ、抑えようもない苛立ちといった人間が持てるあらゆるマイナスの感情が次から次へと噴出してきます。

これはどんなに私たちが介護をしようが、医療のすべてを尽くそうが、抑えることができない感情なのです。

こうした入り混じった感情が時間とともに消えてくると、今度は心から「ありがとう」という感謝が言えるようになります。私たちはこれを「回復期」と呼んでいます。

喪失を乗り越えて、新たな自分、新たな社会関係を築いていく時期で、故人との新たな関係性を見出し、次第に快い懐かしさと優しさで故人を思い出せるようになってきます。

ただし、断っておきますが、悲嘆というのはあくまでも個別であって、ひとりひとり違います。亡くなった方が病死だったのか、事故死だったのか、あるいは自死（自殺）や災害で亡くなるなど死に方が違う。天災か人災かによっても、感情の矛先が違ってきます。また、母と子といっても、生前どういう関係だったのかによっても異なります。

私は悲嘆について本を書いたり、大学で授業をしたりしていますが、「悲嘆はこうなんですよ」ということは本当にアバウトでしか言えないのです。

悲しみを乗り越える術はあります

おひとりおひとりの悲しみが違うように、悲しみをケアする方法もひとつではありません。人によってケアのあり方は違ってきますが、悲しみから立ち直るにはまず、自分の悲しみを否定せずに、そのまま「受け入れる」ことがなによりも大切だと考えています。

死別の悲しみとは、自分がその人をどれだけ愛していたのかという印みたいなもの。悲しみは喪失した存在への思いが深ければ深いほど、より強く私たちの心をとらえます。強く愛している存在を失ったとき、悲しみ、苦しみ、寂しさ、辛さと様々な感情が心の中で

悲しみの変化

ショック期	大切な人が亡くなった直後 現実を信じられない 茫然自失
↓	
喪失期	現実を受け入れる 怒り　後悔　罪悪感 怨み　自責の念　孤独感
↓	
回復期	新たな自分、 新たな社会関係を 築いていく時期

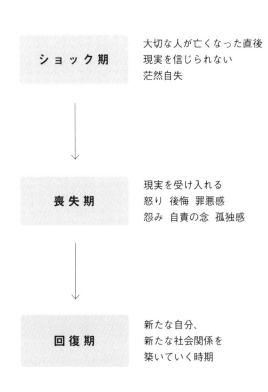

渦巻ますが、必要なのはこうした感情をそのまま受け入れることだと思います。

そして、感情を受け入れることは、そうした感情を「表現する」ことにもつながっていきます。この表現の仕方については、人それぞれの方法となるでしょう。

日記を毎日書いている人は文章を書くことによって抑えることができなかった悲しみが軽くなるかもしれないし、話をすることで軽くなる人もいます。絵を描いたり、書道をしたり、散歩や旅行をすることで自分の気持ちを発散できるかもしれない。元気なときからなにか趣味を持っている人は、悲しみの淵ではそれが生かされることもあります。

でも、「なにをしていいかわからない」という場合も当然あるでしょう。

そういうときは、周りの人に相談してみるといい。「私はなにをしたらいいのだろう」と誰かに尋ねてみるだけで、気持ちは楽になるものです。自分の話をきちんと受け止めてくださる人に話をする。たとえ答えが見つからなくても、「そうね、そうね」と相づちを打って話を聞いてもらえるだけで、気持ちが落ち着くのです。

相手からいいアドバイスが出てくるわけでもなく、逆に黙ってしまって「ごめんなさい、わからない」と言われるかもしれない。でも、「私の悲しみは誰もわかってくれない」と思って、かえって楽になることだってあるのです。

もし、あなたが聞く側の立場にあったら、相手に対する尊敬と信頼をしっかり持たないといけません。グリーフケアで一番大事なのは相手に対する尊敬と信頼です。

私は遺族会などに参加するときは、最初から信頼関係を築くように心がけています。人間は敏感ですから、こちらが尊敬し信頼すれば、相手も「認められた」と安心します。でも、そうでないと相手は侮辱され、傷ついたと感じる。しっかりと信頼関係ができている人からの言葉は何倍も勇気づけることができるのです。

「ごめんなさい」と書くことで和解できる

「手紙を書く」というのは、悲しみから立ち直るひとつの良い方法でしょう。

自分の気持ちを手紙を書きながら整理できるのがいいところで、それで身動きがとれないほど重い気持ちや、ずたずたに切り裂かれた心がずいぶんと軽くなり、傷口もふさがって楽になります。

送る相手が亡くなった母であれば、母に対する愛情を改めて自分の中で見出せるきっかけにもなるし、逆に母からどれだけ自分が愛され、大事にされたのかをもう一度確かめることにもなります。

家族はあまりにも近い存在ですよね。だから、全体像が見えづらく、いいところがなかなか見えてこない。素晴らしい絵画でも、観る距離が近すぎると本当の良さがわからないのと同じです。

でも、亡くなってある程度距離感が出てくると、今まで気にもとめなかったいい部分がふわっと記憶の中から浮かび上がってくる。それが手紙という作品に結実するのです。

特に、おすすめしたいのは、生前、母とうまくいってなかった人ですね。

うまくいっていないまま死別すると、もう自分の中にありとあらゆる罪悪感が溜まり、どす黒いマグマのように膨らむのです。そのままでは苦しくて、居ても立ってもいられない。だから、その罪悪感をいっぺんに吐き出して手紙に綴るのです。

「お母さん、こうしてあげれば良かった」「もっと、こんな風に接すれば良かった」

書いているうちに「あっ、こうだったのか」と自分の言動を反省するとともに、本当の思いをしっかりと伝えていなかったことに気づきます。

そして最後に、「ごめんね」というお詫びの言葉が心の底から出てくる。その言葉は、亡き母に必ず届きます。それでようやく和解ができるのです。悲しみと向き合うことは、ある意味、自分自身と向き合うことなのかもしれません。

私は、人間にはもともとどんな悲しみも受け入れ、適応できる力が備わっていると信じています。グリーフケアはその力を発揮できるように、手助けするものなのです。

母を亡くした直後に襲った、心臓を突き刺すような痛みは心配することではありません。どんな人もいずれは和らいでいきます。和らげる「悲嘆力」を誰もが持ち合わせているからです。

髙木慶子　たかき・よしこ

1936年熊本県生まれ。12人兄弟の中で育ち、聖心女子大学文学部心理学科を卒業し、上智大学神学部修士課程を修了。宗教文化博士。現在、上智大学グリーフケア研究所特任所長。国内におけるグリーフケアの第一人者として、30年以上に渡ってターミナルケアやグリーフケアに携わる。第1・3土曜日の午前中は自死遺族のケアに当たっており「何年やっても辛い」と話す。著書は多数。

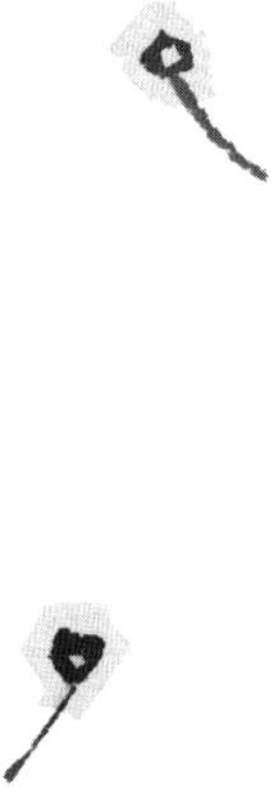

第7章
悲しみから一歩踏み出して

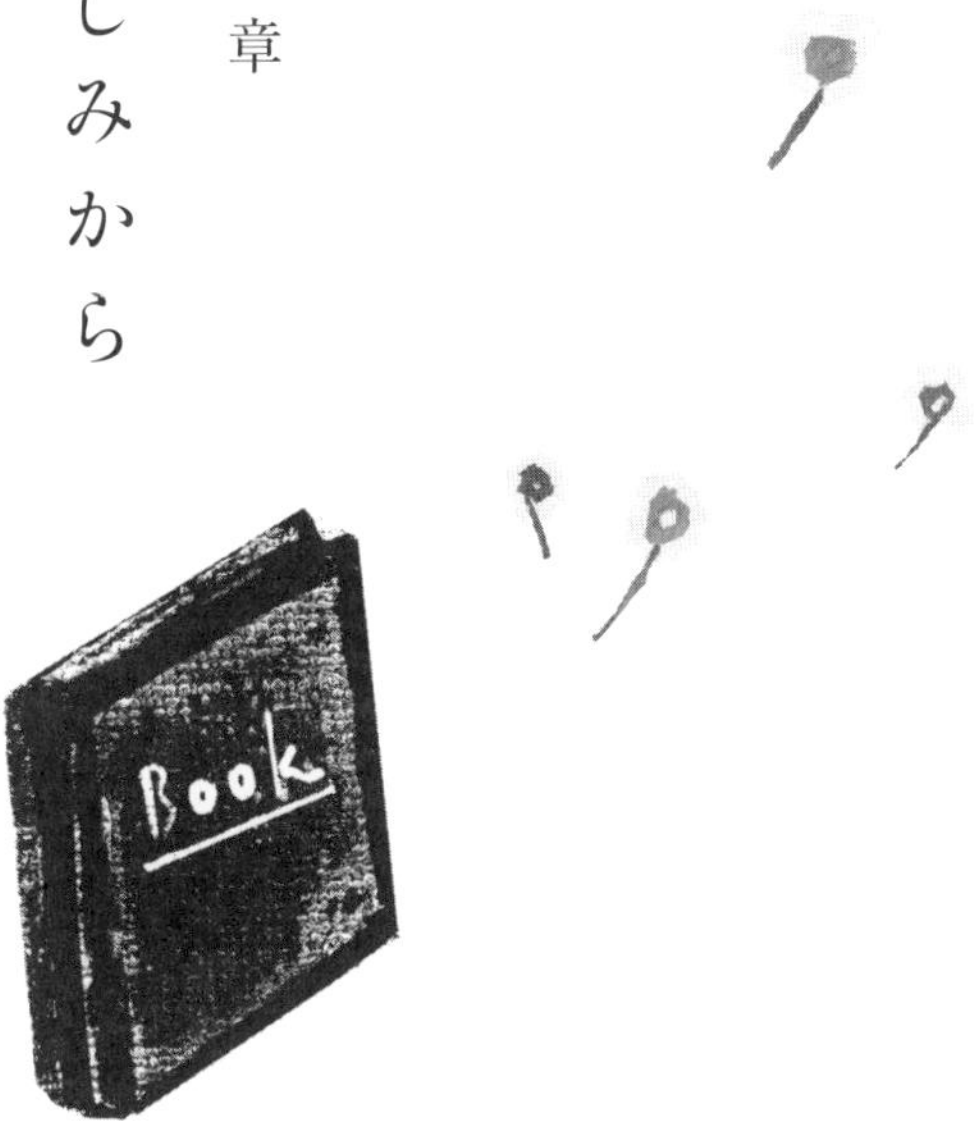

手紙
39

おかあに聞かせる土産話

銀太（男性28歳・山形県）

おかあ、もう3年もこの言葉を使ってないよ。
また使える日が来ないかななんて思うけど、それは当分先の話だね。
子宮頸がんだって医者の人に言われたときは、正直言って信じられなかったよ。
おかあの遺体を目の前にしても、まだ亡くなったっていう実感が湧かなかった。
葬式から3か月くらいしてから、徐々におかあの死が現実味を帯びてきたんだ。
実はおかあに会いに行こうかなって、気持ちになったこともある。

でも止めた。

なんでかって言うと土産話がないなって思ったんだ。

俺が死んでおかあと会ってもそれまでのことは全部、お互いに知ってるわけで、そうでしょ？

だからこれからはできるだけ多くの土産話を持っていくために生きていくよ。

だからちょっと待ってて。

もちろん良いことばかりじゃないと思うけど、そんな話も聞いてよ。そのときになったらね。

それまではそっちから見守っててね。


じゃ、またね！

『おかあに聞かせる土産話』の向こう側

銀太さんの母はパーキンソン病を患い、銀太さんは19歳から25歳までそんな母の介護をしました。

介護生活は正直、辛いものでしたが、ひとり息子の銀太さんにとっては大好きな母とずっと一緒にいられた、かけがえのない時間でもありました。

ところが、追い打ちを掛けるかのように母は子宮頸がんになってしまう。

『医者の人に言われたときは正直言って、信じられなかったよ』

その驚きと悲しみを手紙に綴っています。そして、63歳でこの世を去ることとなってしまったのです。

『葬式から3か月くらいしてから、徐々におかあの死が現実味を帯びてきたんだ』

銀太さんは『おかあに会いにいこうか』とまで思い悩んだ当時の自分を振り返ります。

でも、結局『土産話がないなって思ったんだ』と思い止まりました。

現在は、地元で大きな会社に就職するなど、できるだけ多くの土産話を聞かせられるよう、がんばっています。悲しみから新たな一歩を踏み出せたわけです。

とはいえ、「いなくてはならない関係」の母だっただけに、ふとしたことで思い出し、考えてしまうことも多い。そんな気持ちにひとつの区切りをつけようと、手紙の筆を取りました。

「思っていることを言葉にすることで、少し心の霧が晴れたと思います」

また、母のことを誰かに読んで知ってもらおうという願いも、手紙を書くことで少しだけ叶ったと言います。

そして「やっぱり会いたい」という気持ちはなくなるどころか、一層募ることも体感しました。

そんな想いとこの先も一生付き合っていくのだろうと、銀太さんは改めて感じています。

手紙 40

もっとすてきな笑顔に

スマイル（男性54歳・愛媛県）

2018年 銀賞受賞作

おかあさんへ

自分の手でありがとうの手紙を書きたくて、少しだけ動く右肩に力を付けるために30グラムのおもりをひっぱり、上がらない腕を支えるための装具を作ってもらい、落ちたりずれたりしないように動かなくなった指の間にはさんだペンを包帯でぐるぐる巻きに留めてもらいました。

全身マヒの障害を負ったぼくを自分の命を削りながら、24時間ずっと介護をしてくれてありがとう。

目をまっ赤にしながら、辛い死にたいというぼくの動かなくなった手を握って心を支え続けてくれてありがとう。

おかげで今ではおかあさんがぼくにくれた笑顔を、すてきだねってたくさんの人に言ってもらえるようになりました。

笑顔をほめてもらうって、おかあさんをほめてくれているようでとてもうれしいです。

今のぼくにできる親孝行は少しでも長生きをして、もっともっとすてきな笑顔になること。

だから今度会うときは年下のおかあさんだね。

そのときはデートしてくれますか。

全世界で一番大好きなおかあさん。

本当に本当に本当にありがとう。

手紙
41

唐揚げをご馳走します

みや（男性30歳・福岡県）

「美味しくない」

お母さん、料理がこんなに難しいとは思いせんでした。

「面倒くさい」

洗濯物を干すのはこんなに手間だとは思いませんでした。

「焦げ付いた」

アイロンって難しいですね、いつもワイシャツパリッとしていました。

私も今年で30歳、あなたが死んで2年、ようやく家事が人並みにこなせるようになりました。

まだまだ、肉じゃがの味は勝てませんが唐揚げはなかなかのものですよ。

そういえば話は変わりますが重大発表があります。今年の夏に今付き合っている人と結婚することになりました。

せっかく覚えた家事で少しでも奥さんのお手伝いができると良いです。

私も家族を守る身としてお母さんの所に行くのはまだまだ先になりそうですが、肉じゃがでも作って気軽に待っていてください。

そのときには是非、私の唐揚げをご馳走します。

それでは今日はこの辺で、また、手紙書きます。

お母さん、ありがとう。

『唐揚げをご馳走します』の向こう側

みやさんは社会人となり、ひとり暮らしをしています。
ひとり暮らしなので、なにからなにまでを自分でしなければなりませんが、やってみてつくづくそうした家事の大変さに気がつきました。そして、そつなくこなしていた母の存在を改めて噛みしめています。

『お母さん、料理がこんなに難しいとは思いませんでした』
『洗濯物を干すのはこんなに手間だとは思いませんでした』
『アイロンって難しいですね、いつもワイシャツパリッとしていました』

でも、そうした不慣れで苦手な家事をやりながら、どこか母と対話しているようなみやさんがいます。

手紙では『ようやく家事が人並みこなせるようになりました』と自らの〝成長〟も報告しています。

ただ、なかなか追いつけないのが料理とか。

「母は肉じゃがとオムライスが得意料理でした。そんな料理の腕前はなかなか母に追いつくことができないと日々感じています」

そうした中で、『唐揚げはなかなかのものですよ』と自慢料理ができたこと、それを『ご馳走します』とまで書き添えています。

「近くにいることができず、父からの電話で知るカタチとなりました」と別れのときは母の傍にいることができませんでした。

当然、様々な葛藤や後悔、そして悲しみに、みやさんは振り回されたのでしょうが、2年が経って書いた手紙では「自分はしっかりやっているから、安心して」と母に伝えているようにも感じます。

手紙
42

もう安心してね、母さん

友永みさこ（女性68歳・大阪府）

お母さんとお別れして（目に見える母さんとだけどね）約10年。

私、母さんになにひとつ親孝行していない。ひとりになって2年間は、その後悔と自責の念に押し潰されて、なにもできなかった。

家の中にじっと留まり、ただ心と体が疲弊していくのを待っている日々だった。

写真の向こうで静かに微笑んでいる母さんを見つめては目をそらす。そんなことを繰り返しているうちにある日、はっと気がついた。

母さんはこんな私を悲しんでいるにちがいないと。

子供の幸せを願わない親なんて、世界中のどこにもいない。

今の私にできる唯一の親孝行。それは母さんの子供、母さんが愛してくれた娘として、私が幸せになることだと。

偶然だけれど、今私は、母さんと2人きりでお別れをした大きな病院が見えるビルで働いています。

8階フロアのレストランです。

休憩時間には、いつもバルコニーから母さんに向かって話しているよね。

「毎日、楽しく働いているよ。母さん」って。

お店の若い子たち、みんな良い子ばかり。文章教室にも通っているよ。

充実しているよ、毎日。

今、私は初めての親孝行の真っ最中です。

そう思ってもいいでしょ。母さん。

『もう安心してね、母さん』の向こう側

出かけるときは「いってきます！」。帰ってくると「ただいま！」。

母が亡くなって10年が経ちましたが、友永みさこさんのこの習慣は変わっていません。

2人で一緒に長く暮らした家には、今も母がいるかのように感じています。

ただ、以前のように思い出の中ばかりにこもっている自分とは少し違ってきました。

新しい自分を見つけたくて通い始めた文章教室では書くことがおもしろく、夢中になっています。

「前は書くことがあまり好きではなかったんです。でも、いろいろ文字にすると次から次へと想像がふくらんでいきワクワクします」とにこやかに語ります。

そして、今の暮らしを生き生きと楽しんでいる自分を母に見せることが、なにより親孝行だと考えています。

肺と心臓を患った母を、友永さんは10年に渡って自宅で看病したそうです。もう自宅では看ることが難しいと医師から言われ、最後は病院に入院することに。亡くなった日は病院から呼び出しがあり、着いたときは昏睡状態で、静かに友永さんが看取りました。

べたべたするほど仲良しだった母とあまりにも長い時間を過ごしただけに、亡くなったときは大きなショックが友永さんを襲い、なかなか立ち直ることができませんでした。あまりの落ち込みように、周りは後を追うのではないかと心配したほどです。

「手紙にも書いたように、仕事先から母が亡くなった病院が見えるんです。当初はその病院を見るたびに涙がとまりませんでした」

でも、『母さんはこんな私を悲しんでいるに違いない』と悲しみから一歩を踏み出しました。今では、『休憩時間には、いつもバルコニーから母さんに向かって話しているよね』。

最期が近づいたとき、母は「私が亡くなったら、あんたどうするの?」と友永さんがひとりになることをとても心配していました。

そんな母にこう語っています。

「もう心配しなくていいよ。私は楽しくやっているから」

手紙 43

ぎゅうって抱きしめる

伊澄奏穂《いずみかなほ》（女性37歳・兵庫県）

お母さん
よく私のことを「あー、このまま時間が止まったらいいのに」っと抱きしめてくれたよね。

お母さんの胸に抱かれていると ね、あったかい匂いがした。

心の底から満たされたよ。

がんがお母さんを遠くへ連れて行ってしまう怖さも、不安も全部吹き飛んじゃうみたいだった。

幸せだったよ。もっと、甘えればよかったな。

ものわかりのいいフリなんてしなきゃ……、こんなに哀しみをこじらせなくても済んだのかもしれないな、なんて思うよ。

でも、この前すごいことがあったの。下の娘が私をぎゅうって抱きしめてくれたとき、感じたんだ。「あぁ、このまま時間が止まればいいのに」って。

私が娘を愛おしく思うのと同じくらい、お母さんも私を愛してくれてたんだね。嬉しくて、涙が出たよ。

あの瞬間、時空を超えて想いが届いたんだ。母の愛は偉大だね。もっと、話したかったな。

でも、大丈夫。きちんと私の中に、お母さんが息づいているのがわかったから。もう無闇に哀しみに振り回されたりしないよ。

ありがとう。愛しているよ、お母さん。

手紙
44

ママが残してくれたもの

チャイ（女性22歳・愛知県）

ママへ

私は元気です。普通の手紙だったら、元気ですか?とか書くのだろうけど、ママに聞くことはできないからこう書くね。

ママが死んでしまってもう13年。当時9歳だった私は22歳で、保育園児だった弟もいまや20歳（最近はちょっとマセてて生意気）！

パパは最近桑田佳祐や浜省のライブに行ったり楽しそう（普段は言えないけど本当に本当にパパがあたしたちを背負って頑張ってくれてることに感謝しかないの）。

ここまでの決して短くない時間の中でようやくパパ・私・弟の3人での生活が馴染み、ママの思い出話やもしここにママがいたら、とかのタラレバ話も明るく話せるようになったよ。

気の強い私だからケンカもするけど絶対に楽しい日常しか想像できないの。美味しいもの食べて最後の1個とりあってる姿が分かるもん（笑）。

私もいよいよ就職でね、ボーナスでたら女2人で温泉とか連れて行きたかったたな。

ママはもうここにはいないけど、ママが残してくれたものは沢山あって、服の好みや、料理のレシピ、うっすらだけど記憶に残っている笑顔。家族どれも大切な手放せないものでそれがなんか嬉しい。産んでくれてありがとう。

母の日には好きだったガーベラ飾るからね。

P.S. そういえば昔ママの買ったヴィンテージの鞄やネックレスを最近クローゼットから見つけ出して勝手にもらったの。大事にするから許してね。

手紙
45

最初で最後の誕生日プレゼント

Lil Mii（女性23歳・栃木県）

お母さん、私はもうすぐ24歳になります。それはつまり、お母さんが旅立ってからそれだけ長い年月が経つということです。

親不孝な話かもしれませんが、私はお母さんの顔も声もなにも覚えていません。ただひとつわかることは、私の「美幸」という名前はお母さんが私に授けてくれた、最初で最後の誕生日プレゼントだということだけです。

私の中のお母さんは、周りから聞く思い出話を繋ぎ合わせた、パズルのピースで出来た絵のような存在です。

今となっては触れることも声を聞くこともできません。

もし、もう一度会えるのなら、お母さんが授けてくれた「美幸」という名を呼んで欲しい。そして私にも「お母さん」と呼ばせて欲しい。

今まで一度も呼ぶことができなかったその言葉を、「ありがとう」を込めて口にしたいのです。

いずれ私にも子どもが生まれ、お母さんの歳を越す日が来るのでしょう。

しかし、どれだけ長い年月が経っても、お母さんと過ごした355日はかけがえのない、確かに「有った」時間です。

お母さんが自分の名前から取った「美」という文字に加え、「幸」を感じながら、これからも生きていきます。

お母さん、生んでくれて、育ててくれて、愛してくれてありがとう。

天国にいるお母さんに、私の笑顔が届きますように。

手紙
46

つながる、次の時代へ

ニンニン（女性47歳・千葉県）

ママ、もうすぐ平成が終わるよ。「平成」ってなに？　と聞かれそうだね。ママは平成が始まる2日前に亡くなってしまったから知らないよね。

私は高校生だった。小学校に入る頃からずっと病気で、あまり一緒に出かけられなかったね。でも、日常の小さな出来事が今では大きな宝物だよ。

幼稚園まで自転車に乗せてもらって通ったこと、ママの手作りのケーキが美味しかったこと、おやゆび姫のアップリケのバッグを作ってもらったこと、算数を教えてくれたこと……。

ママを亡くしてから私は高校を卒業して大学に入って就職して。こう書くと何でもない人生に見えるけど、ママがいないことがとても切なくて寂しくて挫折したり人生諦めそうになったりしながら、それでも起き上がって必死にがんばったの。がんばっても褒めてくる人がいなくてね、ママに褒めてもらいたかったよ。

私はママの体質を引き継いでいるから、同じ病気になるのが怖くて、結婚して子供を産む人生って想像してなかった。

けど、ママが病気だった年齢を過ぎるにつれ、「私、生きてる。結婚して子供を持たなきゃ」って、他より随分遅いスタートだったけど、かわいい2人の子どもたちに恵まれました。

この子たちがいるのは、ママがいてくれたおかげ。ありがとう。

いろいろあった平成だけど、もうすぐまた次の時代が来るの。ママの孫たちをしっかり守って良い子に育てるから、新しい時代を楽しみに空から見守ってね。

手紙 47

お父さんは大丈夫

タマばあちゃん（女性59歳・福島県）

2018年
銅賞受賞作

前略

お母さん、元気にしてますか。

1年も経つのでそちらの生活も慣れたでしょうね。私はお母さんに代わって、ひとりになったお父さんの面倒をみていますよ。お母さんが一番気になっていることでしょうからね。

でも、お父さんたら最初は自分の服がどこにあるのか、ご飯の温め方はどうするのか、わからないことばかりでどれだけお母さんに頼っていたのかひとりになって初めて気づいたようです。

24時間、365日いつも一緒にいたお母さんがいなくなって、一時は元気がなくなり静かなお父さんなってしまいましたが、子どもたちや、孫たちが遊びに来てくれているので、少しずつ元気を取り戻しています。

「震災でできなかったけど、今年の春は田んぼでもやっかな」

なんて言えるようになってきています。

お父さんのことは私たちに任せてください。大丈夫ですから。

それから、仏壇にはお母さんが好きだった四季折々の花を飾っていますよ。母の日にはもちろん毎年プレゼントしていたカーネーションの花を飾りますね。

みんな、お母さんの分まで元気を出しがんばっていますから、どうぞ見守っていて下さいね。

草々

手紙
48

ねえ、お袋もそう思うでしょ(笑)？

バルボア(男性49歳・神奈川県)

2019年
銅賞受賞作

お袋聞いてよ(笑)。

この前親父がいきなり「明日は洋服ポストの日だ」と、メールしてきた。

俺はなんのことかわからず、「洋服ポストってなに？」て聞いて、びっくりした。

どうやら親父は、洋服ポストという、月1回要らなくなった洋服を、回収して、アフリカなどに寄付する運動に、残っていたお袋の洋服を寄付しているらしい。

親父は「お洒落好きだった、母ちゃんの着てない洋服いっぱいあるから、寄付している」と、言ってきた。

もうお袋亡くなって10年になるけど、親父は、なにも言わないけれど、寂しいかったのか、最近までそのまま、家に置いてあったようだよ。

でも一気に寄付するのでなく、少しずつ寄付していているみたいだよ。

やっぱり全部一気に寄付してしまうと、寂しいのかもしれないね。

遠い国でお袋の洋服が、誰かに着てもらえて喜ばれていているかもしれない、そう想像すると、凄い嬉しい気持ちになるよ。

それにしても、親父も「カッコイイことするな⁈」と思ったよ。

ねえ、お袋もそう思うでしょ（笑）？

手紙 49

あなたのセーター

ケイト（女性64歳・栃木県）

2019年 銅賞受賞作

あなたが初めて私にねだった毛糸玉、覚えていますか。

ボーナスでなにか買ってやると言ったら目を輝かせて、「セーターを編みたい」と言ったわね。夕暮れの街を、腕を組んで、手芸店まで急いだわ。

棚の中から緑色の毛糸玉を取ってじっと見つめるあなたの瞳は、まるで少女のように透き通っていた。「高価すぎる」と迷っているのを遮って、セーターが編めるだけの玉数を買い求めた。

でき上がったセーターは、あなたにとても似合っていた。二人で相談して、胸元に小花を飾ったわね。

今、私の寝室の白い戸棚の中に、そのセーターを着て座っている、痩せ細ったあなたがいます。作り笑いの顔には、激しい痛みに耐える苦悩が、透けて見えます。写真に線香を手向けるたびに、胸が締めつけられます。

「どんなに苦しかったことか……」と。

あなたの告別式の日に、遺品としてもらってきたあの緑のセーターを胸に抱き締めたら、耐え切れなくなって顔を埋めました。

思いがけず、セーターからあなたの懐しい匂いがした。胸に抱かれているようで、「おかあちゃん」と、幼い頃のように呼んだら、悲しみが堰《せき》を切って溢れ出ました。

お母さん、あれからずっと、セーターを仕舞ったまま取り出せずにいます。

私、いまだに弱虫なのよ。

手紙
50

みんなを幸せにできる大人になる

さやか（女性15歳・千葉県）

2018年
銀賞受賞作

ママへ
ママが亡くなってそろそろ3年が経とうとしています。天国での生活はどうかな。ひいおばあちゃんには会えたかな。

私は中学校を卒業して、新しい生活を始めている最中です。
中学校の入学式、病気で辛いなか来てくれたことが本当に嬉しかったよ。卒業式も一緒に写真を撮りたかったな。

私はこの3年間でたくさんの人に支えられて大きく成長しました。

例えば身長。未熟児で生まれてずっと小さかった私だけど、ママと同じ身長になったよ。もし隣に並んだらママきっとびっくりするね。

それと家事も少しずつ覚えた。ママほどうまくできないことがほとんどだけど、パパの負担を少しでも減らせるようにがんばっています。

そしてもちろん勉強も。たくさん努力してやっと定期テストで1位を取れたよ。高校も第一志望に受かった。多くの人が支えてくれて、ここまで成長しました。

どんなに充実した毎日を送っても、友達のする何気ないその子のお母さんの話や、保護者会の日に見るたくさんのお母さんたちに、胸がぎゅっとなることもあるけれど、私はママの娘として生まれてくることができて本当に幸せです。

生まれ変わってもママの娘に生まれてきたいな。でもそのときはもう少しだけ長く一緒にいたいよ。

生まれてから一緒に過ごした12年間で最期にママの目に映った私はどんな姿だったのかな。

本当は笑顔で送り出したかったけど、もしかしたら頼りない姿を見せてしまったかもしれない。

だけど心配しないで。私はママが思っている以上に大きく強くなったよ。

だからこれからも誰かの生きる目的になって、まわりのみんなを幸せにできる大人に少しずつ近づいていくね。

ママ、産んでくれてありがとう。

『みんなを幸せにできる大人になる』の向こう側

「豪華でとても美味しそう」

さやかさんのお弁当はクラスで評判です。毎朝、会社に行く前に父が早く起きて作ってくれるお手製。いつも、さやかさんが好きな果物が3、4種類入っています。お弁当を見た友達が「お母さん、凄いね」と言うので、「うん、親がね」と返しています。

中学1年のときに母が亡くなったので、高校の友達は事情を知りません。さやかさんも自分からは言い出しにくい。でも、ウソはつきたくないので、そう答えるようにしています。

『友達のする何気ないその子のお母さんの話や、保護者会の日に見るたくさんのお母さんたちに、胸がぎゅっとなることもあるけど』と手紙では本音に触れています。

母は家事全般を完璧にこなす人だったそうです。さやかさんの育児日記もこまめに記録していましたし、さやかさんが幼稚園の頃から母に書いた手紙も大切に保管していました。まさに母から愛情をたっぷりと注がれたのです。

「同じクラスにいたら、絶対人気者になった」とニコニコしながら母を回想します。葬儀には北海道や神戸からも友人知人が駆け付けました。

そんな太陽のような存在を失ってしまったわけですが、「父が泣いている姿を見たことがないんです。だから私も」と父の負担を少しでも軽くしようと、掃除や洗濯といった家事を率先してやるようにしています。

4歳下の弟に対しても、よく面倒をみています。だんだん自分が母親の目線で見ていることを最近感じるようになったと話します。

そんなさやかさんの朝の日課は毎朝、仏壇に手を合わせること。

「試験前にあまり勉強していないときも、ママにお願いすると『なんとかなる』って安心するんです」

将来は医療関係の研究者になりたいと話すさやかさん。『まわりのみんなを幸せにできる大人』が目標です。

故人の手元に届ける仕組みがあります

大切な故人への想いを綴った手紙。それをポストに投函すれば、誰の目にも触れずにお焚き上げしてくれる。そんな「送り先」があるのをご存じでしょうか。一般社団法人 手紙寺が無料で提供する「手紙参り」という仕組みです。

もともとは、東京・江戸川区にある證大寺《しょうだいじ》というお寺が始めたもので、宗教宗派に関わらず幅広い人が利用できるようにと、2019年に一般社団法人を設立し、より開かれた受け皿となっています。

代表の井上城治さんは、手紙ならではの効用について、「自分だけで完結する日記と違って、宛名が明確なので、手紙を送り、交わすことで相手と対話ができます」と語ります。

その確信は、父が書き残された手紙を死後20年ほど経って手にしたときの自身の体験が基となっているそうで、生前、面と向かって話すことが少なかった父との対話が、それをきっかけに始まったといいます。

「自分は今なにをしたいのか、迷ったときや、落ち込んでいるときに父に手紙を書きます。生きているときは本音で言えないことも、この世にいないからこそ正直に語り合える。するると、『私も同じ問題で悩んでいたんだよ。あなたは本当はどうしたい？』と答えをもらった気持ちになり、自分をしっかりと取り戻せます」

確実に、亡くなってからの方がよく話していると井上さんは笑います。

ただ、こうしてしたためた手紙をそのまま引き出しに入れたままだと、誰かに見られる場合もある。安心して書き続けることができないと考え、手紙をお焚き上げする「手紙参り」の仕組みを思い立ったとのことです。本格的な活動拠点として2017年、千葉県船橋市に「手紙処《てがみどころ》」という施設を作り、便せん、封筒、筆記用具なども常に用意し、訪れた人がいつでも故人への手紙を書けるよう環境を整えています。

「自分のことをよく知っている亡き人に向けて手紙を書くことで自分を振り返る。それでその人が生きる力を得て、元気になれる」

そんな手紙の可能性を「母の日参り」パートナーシップの最も新しいメンバーとして模索しています。

＊「手紙参り」を希望される際の送り先は、手紙寺　〒274-0082 千葉県船橋市大神保町1306

亡きお母様に、
手紙を書いてみませんか？

この書籍を読んで、「亡き母へ手紙を書いてみよう」、そんな風に思われた方もいらっしゃることでしょう。一般社団法人 手紙寺の代表は、「ぜひ故人様に話しかけてください。どんな小さな出来事でも、たった一言でも良いのです。2度目の死は、故人様と出遇った意味を忘れていくことです」と話されます。そして、グリーフケア専門家の髙木慶子先生は、「天国のお母様に、手紙は着実に届くのですよ」と語られています。

書籍に挟み込んである「はがき」や巻末の「便箋」ページに、あなたの想いを綴ってください。「お母様の思い出・エピソード」「お母様から受け取ったこと」「今、改めて思うこと」「今後、大切にしていきたいこと」 etc。定形も起承転結も気にする必要はありません。どんな小さな出来事でも、たった一言でも良いのです。

はがきは、切手不要ですので、そのままポストに投函してください。書籍の中で紹介させていただいた、「母の日参り」パートナーシップのメンバー、（一社）手紙寺に届きます。「お焚き上げ」希望の方は、丸印をつけてください。責任を持って月に1度、毎月最後の日曜日にご供養いたします。

また、このはがきの文面を、KKベストセラーズの書籍やwebなどで紹介しても良い方は、「掲載可」に印を付けてください。掲載前に連絡を取らせていただきますので、お名前やお電話番号などのご連絡先をご記入いただけますようお願い申し上げます。

*投函いただいたはがきの文面や個人情報は、上記内容以外の目的で使うことは一切ありません。

あなたの〝お手紙デビュー〟を覚えていますか？

本書は、私共「母の日参り」パートナーシップの主催する手紙コンクールにお寄せいただきました〝亡き母への手紙〟、初の作品集です。

近年、5月の「母の日」に合わせて、亡くなられたお母様の墓前を訪ねる「母の日参り」の習慣が少しずつ広まりつつあり、この心優しい記念日文化の芽を大切に育てていこうと、様々な企業・団体が業界の垣根を越えて集い寄り、2017年に当会が結成されました。

当初は各々が持ち味を活かしたやり方で「母の日参り」の普及に取り組みつつ、時折、成果や課題を持ち寄っては共に学び、互いにエールを送りあう、緩やかな連携からのスタートでしたが、やがて相互理解が深まる中、なにか共同してひとつのことに当たりたいとの機運が高まり、翌2018年より「母の日参り」手紙コンクールの開催に到った次第です。

ところで読者の皆様は、人生で初めてお手紙を書かれたときのことを覚えていらっしゃいますか？　おそらく母の日の似顔絵やカーネーションに添えて、あるいはそれ自体を贈り物として書かれたのが、多くの方にとっての〝お手紙デビュー〟ではないでしょうか。

きっとそのとき、大切な人から好意や愛情の証を受け取る以上に、その人を心から喜ばせ微笑んでもらえる幸福感の方が勝ることを学ばれたに違いありません。そんな幼い日の幸福体験を思えば、ギフト市場の規模で母の日がクリスマスを凌ぐといわれるのも容易に頷けます。

我が国に母の日が制定されて70余年。この記念日に幼少期より馴れ親しみ、ギフト習慣を牽引されてきたシニア世代の方の多くが今、贈る相手を見送られるライフステージにさしかかり、贈る喜びを教わった母の日からご卒業されようとしています。

その次なる進路として私共が呼びかけますのが〝モノ〟に代えて〝祈り〟を贈る「母の日参り」であり、贈る心の原体験とおぼしき「手紙」に注目したのも、私共には自然な成り行きでした。

とは申せ、〝亡き母への手紙〟という直截な呼びかけが、はたして世の中に受け入れられるものか、正直不安もありました。それを払拭してくださったのは、中村獅童さん、草刈正雄さん、牛窪恵さんの選考の労へのご快諾であり、募集告知を積極的にお取り上げいただいた報道関係のご支援であり、なにより無名のコンクールにこれほど多くのご応募をいただいた皆様からの反響の大きさと、作品1点1点に込められた〝亡き母への想い〟でした。この場を借りまして、厚く御礼を申し上げます。

コンクールの事務局として過去2回、全応募作品を精読させていただいての感想ですが、悲嘆・追慕・後悔・郷愁……と作品のモチーフは様々でも、読後感はみな清々しく、爽やかな余韻に浸ることしきりでした。それはおそらくどの手紙も、在りし日の母との思い出が綴られた行間から、母より命のバトンを受け継いだこの人生を懸命に生きる、〝実践報告〟や〝決意表明〟のような前向きな想いが、切々と伝わってきたためだと思います。

故人との絆を大切に慈しむ行為は、決して後ろ向きの感傷ではなく、「今を生きる心の糧」をチャージする、むしろ生産的な営みと信じる「母の日参り」ご提案の基盤が、応募作品を通じてより厚みを増したようにも感じられ、過分なご褒美にあずかった想いです。

最後に、本書の出版に関わってくださった全ての方々に心より感謝を申し上げます。特にブックプランナーの佐藤俊郎氏、ベストセラーズの原田富美子氏、金井洋平氏、上智大学グリーフケア研究所の髙木慶子先生にはひとかたならぬご助力を賜り、感謝の念に堪えません。

そして、読者の皆様には最大の感謝を申し上げますと共に、私共の活動に対する一層のご理解とご声援をお願いいたしたく存じます。こうした皆様方のご厚意を支えとして、今後ともパートナーシップ一同、「母の日参り」普及に微力を尽くしてまいります。

２０１９年８月

「母の日参り」パートナーシップ　事務局

「母の日参り」パートナーシップ
参加企業・団体
(2019年8月現在)

株式会社日本香堂

JAグループ和歌山

株式会社日比谷花壇

一般社団法人PRAY for (ONE)

一般社団法人全国優良石材店の会

一般社団法人日本石材産業協会

株式会社亀屋万年堂

株式会社清月堂本店

生活協同組合コープさっぽろ

サントリーフラワーズ株式会社

一般社団法人花の国日本協議会

日本郵便株式会社

一般社団法人手紙寺

亡《な》き母《はは》への手《て》紙《がみ》

2019年8月10日 初版第一刷発行

著者「母《はは》の日《ひ》参《まい》り」パートナーシップ編《へん》
発行者 小川真輔
発行所 KKベストセラーズ
〒171-0021 東京都豊島区西池袋5-26-19 陸王西池袋ビル4階
電話 03-5926-5322（営業）
電話 03-5926-6262（編集）
http://www.kk-bestsellers.com/
印刷所 近代美術
製本所 ナショナル製本
DTP オノ・エーワン
企画・構成 佐藤俊郎
校正 中村 進
イラスト 椎木彩子
装幀 アルビレオ

ISBN978-4-584-13936-3 C0095